JN232552

英語学モノグラフシリーズ 20

原口庄輔／中島平三／中村　捷／河上誓作　編

認知意味論の新展開
メタファーとメトニミー

谷口　一美　著

研 究 社

まえがき

　メタファーやメトニミーの表現は，従来，修辞学，詩学あるいは文体論の問題，すなわち，文学作品における修辞的技巧の問題として取り扱われるのが普通であった．また，これらの表現は実際は日常言語に頻発し，文学作品に固有なものではないにもかかわらず，これまで言語学においても周辺的現象とみなされ，本格的な研究の対象となることはなかった．

　こうした状況を一変させたのが，Lakoff and Johnson (1980) の *Metaphors We Live By* である．彼らは，伝統的なメタファー観と異なり，メタファーは，言語活動のみならず思考や行動に至るまで，日常生活のすみずみにまで浸透しており，概念体系の大部分がメタファーによって成り立っていると考えた．この結果，これまで言語の問題とされてきたメタファーの問題は，概念の問題へ移行することになり，新しいパラダイムとしての認知意味論が誕生したのである．

　本書は，メタファーとメトニミーの研究の流れを概観するとともに，心理学など関連領域の研究と照らし合わせることにより，そのメカニズムの解明に向け，幅広く手がかりを求めていくことを目的としている．

　第2章では，認知意味論の礎となった Lakoff and Johnson (1980) の「概念メタファー」をとりあげる．先駆的研究である Reddy (1979) の導管メタファーをみたあと，3種の概念メタファー，すなわち，構造のメタファー，方向づけのメタファー，存在のメタファーについて詳しく述べる．

　Lakoff and Johnson (1980) 以降，メタファーは概念の問題として理論的整備が進められ，1980年代中頃には，「メタファーはイメージ・スキーマを異なる概念領域に写像するもの」とする考えが支配的となった．第3章は，このメタファー写像とその仕組みについて研究の流れを追う．

　このメタファー写像理論にもいくつかの理論的な課題や問題点があった

が，その解決法として，近年 Grady (1997a) が提案したプライマリー・メタファーの理論は，認知意味論の発展に新しい局面を切り開いた．第4章は，このプライマリー・メタファーを概観し，その発展の可能性を探る．

第5章はメトニミーを取り扱う．近接性の種類によりメトニミーを分類したあと，認知意味論からみたメトニミー，認知言語学からみたメトニミー，さらに文法とメトニミーのかかわりについて主な研究を概観する．

メタファーは類似性や共起性に動機づけられた領域間の写像であり，メトニミーは近接性に基づく単一領域内の写像である．しかし，類似性と近接性は互いに対立する意味関係ではなく，むしろ両者が重なり合い，ゆるやかな連続体をなすものと考えた方がよいようである．第6章は，こうした観点からメタファーとメトニミーの接点を探る．

人間の基本的認知能力としての類推（アナロジー）が比喩表現と深いかかわりを持つことは想像に難くない．認知心理学で提案されている類推モデルにも，認知意味論のメタファー写像に通じる側面が見られ，大変興味深い．第7章は類推からみたメタファーを考察し，アナロジーが認知意味論の研究とどうかかわるかを検討する．

20世紀後半は，生成文法を中心に統語論の研究が大きな発展を遂げた．しかし，創造的言語使用の解明の鍵は，統語論のメカニズムにのみあるのではなく，人間の認知の側にも重要な「からくり」が隠されているはずである．近年の認知意味論が果たしてきた大きな功績の1つは，メタファーとメトニミーのメカニズムこそが，認知の側における「からくり」の中心部分であることを示したことであろう．

21世紀を迎え，身体性を基盤とした主観的意味論のパラダイムへの関心がますます高まりつつある．近い将来，限りなく人間に近いロボットがメタファーやメトニミーを理解する姿を思い浮かべると，このパラダイムへの関心はごく自然な流れと言えるかもしれない．

2003年7月

編　者

目　　次

まえがき　iii

第 1 章　はじめに ―――――――――――――――― 1
1.1　メタファーとメトニミーの定義　1
1.2　「レトリック」から意味論へ　3
1.3　共感覚比喩　4
1.4　理論的背景: 認知意味論「以前」　5
1.5　認知意味論の登場とメタファーおよびメトニミー　7

第 2 章　概念メタファー ―――――――――――――― 9
2.1　導管メタファー: 概念メタファーの出発点　9
2.2　構造のメタファー　12
　2.2.1　経験とメタファー　15
　2.2.2　経験のゲシュタルト　16
　2.2.3　多面的経験と構造のメタファー　17
2.3　方向性のメタファー　20
　2.3.1　上下のメタファー　20
　2.3.2　方向性のメタファーの基盤　22
　2.3.3　時間に関する空間化メタファー　24
2.4　存在のメタファー　26
2.5　メタファーと文化　28

2.6　Lakoff and Johnson (1980) と認知意味論　30
  　2.6.1　主観的意味論　30
  　2.6.2　カテゴリー論　31
  　2.6.3　経験基盤主義　32
  2.7　新しいメタファー論: 伝統的メタファー論との比較　33
  　2.7.1　概念メタファーと類似性　33
  　2.7.2　メタファーの機能:「具体的なもの」から「抽象的なもの」を理解する　41
  　2.7.3　「メタファー」が指すもの　44

第3章　メタファー写像とイメージ・スキーマ ── 45

  3.1　イメージ・スキーマとメタファー　45
  　3.1.1　イメージ・スキーマに基づく多義性の研究　47
  　3.1.2　スキーマに関連する言語理論　49
  　3.1.3　イメージ・スキーマの類似概念　50
  　3.1.4　イメージ・スキーマと身体性　51
  3.2　領域間の写像としてのメタファー　52
  　3.2.1　「写像」から見た概念メタファー　53
  　3.2.2　何が「起点領域」となるか　55
  　3.2.3　写像はどの程度行われるか　55
  　3.2.4　メタファー写像の適用: 動詞 go から未来標識への発展　56
  3.3　メタファー写像と不変性原理　58
  　3.3.1　メタファー写像の性質　60
  　3.3.2　推論パターンの写像　63
  　3.3.3　空間概念に基づく推論　65
  　3.3.4　空間化メタファー　67

3.3.5　慣例的メタファーと新しいメタファー，詩的メタファー
　　　　　71
　　3.3.6　写像から見た「死んだメタファー」　73
3.4　メタファーの階層性　75
3.5　メタファー研究と言語理論　79
　　3.5.1　文法化，歴史的意味変化　79
　　3.5.2　構文の意味拡張とメタファー　83
　　3.5.3　イメージ・スキーマと抽象化　85
　　3.5.4　概念混合とメタファー　89
3.6　関連領域でのメタファー写像理論の適用　92
　　3.6.1　文学作品研究　92
　　3.6.2　ASLと概念メタファー　98
3.7　Lakoff and Johnsonへの批判とその検討　100
　　3.7.1　概念のメタファー表示: 目標領域は完全に起点領域に依存しているか　100
　　3.7.2　処理過程に相違はあるか　102
　　3.7.3　類包含と属性付与によるメタファー　103

第4章　プライマリー・メタファー ——————— 107
4.1　プライマリー・メタファーの概要　107
4.2　プライマリー・メタファーへの「分解」: THEORIES ARE BUILDINGSを例に　110
4.3　プライマリー・メタファー再考: 分解分析の問題点　113
4.4　プライマリー・メタファーと身体性基盤　117

第5章　メトニミー ——————————————— 119
5.1　近接性の種類に基づくメトニミーの分類　120

5.1.1　メトニミーの生産的パターン　120
　　5.1.2　状況依存的メトニミー　123
　　5.1.3　部分・全体関係とシネクドキ　124
　5.2　認知意味論から見たメトニミー　126
　　5.2.1　メトニミーの非対称性　126
　　5.2.2　参照点構造　128
　　5.2.3　認知的際立ちとメトニミー　133
　5.3　認知言語学から見た「近接性」　136
　　5.3.1　ICM, フレーム, スクリプト　136
　　5.3.2　フレームと近接性　137
　　5.3.3　ICM と近接性: Kövecses and Radden (1998)　138
　　5.3.4　フレームおよび ICM の同定はどこまで可能か　141
　　5.3.5　認知領域, イメージ・スキーマとメトニミー　142
　　5.3.6　イメージ・スキーマ変換とメトニミー　143
　5.4　文法とメトニミー　145
　　5.4.1　メトニミー的な動機づけを持つ構文　145
　　5.4.2　構文文法でのメトニミー的構文拡張　146
　5.5　近接性としての「反対関係」: メトニミーとアイロニー　148

第 6 章　メタファーとメトニミーの接点 ── 153
　6.1　「属性」に関わる表現　154
　　6.1.1　属性によるメタファーとメトニミー　154
　　6.1.2　動詞によるメトニミー　156
　　6.1.3　近接性としての類似性　157
　6.2　メタファーのメトニミー的基盤　158
　　6.2.1　共起性とプライマリー・メタファー　158

6.2.2　共感覚比喩表現　　159
　6.3　メタフトニミー: メトニミーとメタファーの相互作用
　　　　162
　6.4　意味拡張, 概念構築におけるメタファーとメトニミーの役
　　　　割　　164
　　6.4.1　ニックネームに見られるメタファーとメトニミー　　165
　　6.4.2　感情のメタファーとメトニミー　　166
　6.5　比喩の処理過程: 段階的卓立仮説　　168

第7章　類推から見たメタファー ———— 171
　7.1　類推とは　　171
　7.2　構造写像: 高次レベルの類似性　　173
　7.3　抽象化と類推, メタファー　　175
　7.4　「カテゴリー」か「抽象化」か　　177
　7.5　構造のメタファー再考　　178
　7.6　異領域間写像としてのメタファー: 類似性と共起性
　　　　183

おわりに ———— 187

参考文献　　189
索　　引　　199

第 1 章　はじめに

　メタファーおよびメトニミーをはじめとする比喩の研究は，古くはアリストテレスから現代に至るまで，さらに言語学にかぎらず，文学，哲学などさまざまな領域にわたって行われてきたため，枚挙にいとまがない（メタファー研究の歴史とその概要については，Leezenberg (2001) を参照のこと）．しかし，そのような長い伝統の中で，メタファーやメトニミーに与えられてきた地位は「レトリック」という特別なものであった．言語学においても当然ながら，メタファーやメトニミーを扱う領域は文体論などが主であり，「周辺的現象」とみなされていた．そのような見方を抜本的に変えたのが認知意味論 (cognitive semantics) であり，メタファーやメトニミーがけっして特殊ではなく，きわめて日常的な表現であること，さらに，それらが私たちの思考や概念の体系の中核を担うことが示されたのである．

　この章では，まずメタファーとメトニミーの基本的定義と特徴を示した後，本書で中心に扱う認知意味論につながる先駆的研究とみなされるものについて概観し，認知意味論の誕生の背景をかいま見ていきたい．

1.1　メタファーとメトニミーの定義

　実際に比喩は，詩的で文学的な言い回しにかぎらず，日常生活にあふれている．次の例を見てみよう．

(1)　a.　A 先生は鬼だね．
　　　b.　やかんが沸騰した．

これらはいずれも，文字どおりに解釈すれば「偽」である．A先生は鬼ではなく人間のはずであり，実際に沸騰するのはやかんではなく，その中に入っている水である．こうした表現を，私たちはつね日ごろ，何の疑念もなく発し，何の支障をきたすこともなく解釈している．それが可能となっているのは，なぜなのだろうか．比喩的表現の産出と解釈のメカニズムを探ることは，私たちの知のあり方の探求の重要な一側面と言える．

メタファーの伝統的定義は，「類似性に基づく比喩」である．同じく類似性に基づく直喩とは異なり，「～のように」(like...)など，喩えであることを明示する語句を用いないものとされ，それゆえ「隠喩」，「暗喩」とも呼ばれる．以下の例で，(2a)は直喩，(2b)は隠喩(メタファー)である．

（2） a． 彼女はいつもお姫様のように振る舞っている．
　　　 b． 彼女はいつもお姫様だ．

メタファーは，典型的には「AはBだ」(A is B)の形式をとるが，この時の被喩辞Aは「主意」(tenor)，喩辞Bは「媒体」(vehicle)と修辞学で呼ばれている(Richards 1936)．なお，本書で中心的に扱う認知意味論のメタファー写像理論では，被喩辞Aが「目標領域」(target domain)，喩辞Bが「起点領域」(source domain)に属すると言われ，また，第7章で見る類推モデルでは，被喩辞Aが「ターゲット」(target)，喩辞Bが「ベース」(base)と呼ばれる．

	A先生は	鬼だ．
	被喩辞	喩辞
修辞学：	主意(tenor)	媒体(vehicle)
認知意味論：	目標領域(target domain)	起点領域(source domain)
類推モデル：	ターゲット(target)	ベース(base)

ただし，メタファーは必ずしも，"A is B"のように被喩辞を明示するとはかぎらない．「A組のトビウオ(＝泳ぎの得意な人)が水泳大会で優勝した」，「社長は頭から湯気を出している(＝カンカンに怒っている)」のよう

に，主部・述部のみに比喩的表現が見られ，それらが実際に何を意味しているか，言語的には表現しない場合も多い(cf. 山梨 1988).

また，メトニミー(換喩)は，「近接性に基づく比喩」であると定義される．近接性には，さまざまな種類のものが含まれる．(1b) の「やかんが沸騰する」のように，「やかん」で中の水を指すという，「容器と内容」も代表的な近接関係の1つである．また，(4)のように「部分・全体」の関係に基づくものは，特にシネクドキ(提喩)と呼ばれる．(ただし瀬戸 (1997) は，(4a) のように類と種の関係に基づく事例のみをシネクドキとし，(4b) のような実体間の関係は，メトニミーとして分類している．シネクドキの扱いについては第5章で詳しく述べる.)

(3) a. やかんが沸騰している．(やかん → 中の水)
    b. お皿をたいらげる．(皿 → その上の料理)
(4) a. お花見に行く．(花 [全体・類] → 桜 [部分・種])
    b. 手を貸す．(手 [部分] → 人の身体 [全体])

1.2 「レトリック」から意味論へ

メタファーとメトニミーが修辞的な比喩表現としての地位を越え，意味的に重要な役割を担っていることが認められてきた現象に，語彙の歴史的意味変化や多義性がある．

このことに関し，興味深い記述と指摘が Ullmann (1962) の中に多数見られる．Ullmann があげたメタファーによる意味変化の一例に，ラテン語の musculus (子ネズミ) が「筋肉」を比喩的に意味し，そこから英語の muscle (筋肉) が派生したという変化がある．この場合，「子ネズミ」と「筋肉」の形状的・機能的な類似性により，その意味変化が動機づけられているという点で，メタファー的であると言える．Ullmann はほかにも，人間の身体部位を用いた擬人法 (the hands of a clock:「時計の針」など)や，動物を用いた比喩 (crane:「鶴」に由来して「クレーン車」の意味など)，具体物から抽象物への比喩 (light「光」から enlighten「啓蒙する」の派生)といったパターンが豊富に見られることを，文学作品における比喩表現と平行させながら述べている．こうした観察を通じて Ullmann は，

メタファーに一定の方向性——すなわち，より具体的で経験上基本的なものに喩えるという，のちの認知言語学で言う「身体性基盤」に対応する，拡張の方向性が存在していることを示唆しているのである．

同様に，メトニミーが語義変化と多義性において，少なからぬ役割を果たしていることも指摘されている．そのパターンには，空間的な近接関係（board が「テーブル」と「会議」の両方を意味する），時間的な近接関係（collation「軽食」は，かつて僧院で *Collectiones Patrum*（『教父列伝』）を読んだ後に軽食をとった習慣による），さらに部分・全体の提喩的関係（redbreast が「こまどり」を指す．胸の部分が赤いのがこまどりの特徴であるため）があげられている．また，「アンペア」，「ボルト」などの単位がその発見者の名前に由来するなど，メトニミーの日常的な作用への言及は非常に興味深く，認知意味論的研究へつながる重要な観察である．

1.3　共感覚比喩

共感覚（synaesthesia）の比喩的表現も，主に形容詞の意義転換の観点から研究されてきた重要な現象である．共感覚比喩とは，ある感覚に関係する名詞表現が，他の感覚に関係する形容詞によって修飾される表現を指す．たとえば (5a) では，本来味覚にまつわる形容詞である「甘い」が，「音」という聴覚名詞を修飾している．

（5）　a.　甘い音　　　（味覚 → 聴覚）
　　　b.　柔らかい声　（触覚 → 聴覚）
　　　c.　うるさい模様　（聴覚 → 視覚）

Ullmann (1962) は，こうした種類の表現が，感覚相互の類似性に基づいているためメタファーであると述べており，その延長として，詩的な表現に見られる共感覚メタファーにふれている．しかし，たとえば「甘い」という味覚経験と，「甘い」と描写される音との間に，私たちがどのような意味で「類似性」を見出しているのかには，言及されてはいない．また，Ullmann 自身，触覚が他の感覚へもっとも転用されやすいという傾向に気づいてはいるが，実際に感覚間にどのような転用パターンがあるのか，詳

細な分析については，次の Williams (1976) を待たねばならなかった．

Williams (1976) は，通時的・共時的事実に基づき，感覚間の意義転換に次のような規則性があることを提案した（Williams 1976, 463）．（「次元」は，視覚的に知覚される上下・高低などの感覚を指す．）

(6) 触覚 → 味覚 → 嗅覚 → 次元 → 色彩 ↕ 音

共感覚的形容詞の意味変化が，一定の法則に従うことを示唆したという点で，Williams の研究の意義は大きい．Ullmann, Williams に続く研究は，共感覚表現がなぜ「メタファー」であると言え，なぜそのような語義の転換が生じているのか，背景にある動機について検討する段階へ入っていくことになる．（共感覚表現については第 6 章 6.2.2 節で詳しく検討する．）

1.4 理論的背景：認知意味論「以前」

このように，メタファーおよびメトニミーを主要な問題として取り上げた研究がなされていたものの，事実上は記述的な領域にかぎられていた．では，言語理論の中でメタファーとメトニミーはどのように位置づけられ，分析されてきただろうか．その流れを簡潔にふり返ってみたい．

分析哲学に根ざした客観主義・合理主義のもとに生まれた真理条件的意味論では，メタファーにせよメトニミーにせよ，それらの字義どおりの意味はつねに「偽」であるため，命題の真理条件そのものを問うことができず，したがって分析の対象外とされがちであった．そのため極端な見方では，メタファーは意味や真理条件をまったく持たないとみなされる場合もあった（Davidson 1978）．また，真理条件的意味論の枠内でメタファーを扱おうとした試みが，「比較説」(comparison) である．たとえば "Juliet is the sun." というメタファーは，直喩である "Juliet is like the sun." の "like" を省略して言い換えた表現であると分析されることになる．このように比較説は，"like" などを用いて類似性を明示した（したがって真理値

を問うことのできる）表現に還元させて，メタファーの意味を得ようとしたのである．

　しかし，このような見方には少なからず問題点もある．たとえば「もみじのような手」とは言えても，「もみじの手」とは言い難いなど，必ずしもメタファーと直喩が相互に書き換えられないという点がある．さらに，直喩とメタファーがもたらす効果にも相違がある．たとえば，「君は僕の太陽だ」と「君は僕の太陽のようだ」を比較してみると，明らかに後者から受けるインパクトは小さい．また (2) にあげた直喩とメタファーを比べても，直喩の「彼女はお姫様のように振る舞う」は「お姫様のように優雅，可愛らしい，品が良い」という解釈もできるが，メタファーである「彼女はお姫様だ」のほうが，「お高くとまった，自分本位な」という否定的な意味合いが強く感じられる．このように，直喩とメタファーが等値であるという省略説の前提そのものが，実際には成立しないのである．

　一方で，直喩と関連づけることなくメタファーを議論したのが Black (1979) の「相互作用説」（interaction）である．それによると，メタファーである "Juliet is the sun." は，「太陽」から連想される含意（implications）を，「ジュリエット」から連想される含意に投射させ，両者が相互作用することにより解釈される．このように，媒体についての背景的知識が主意に投射される点や，それらの知識が相互作用することによって話者あるいは聞き手の心の中で生じる類似性が重要視されているという点で，この見方は後の認知意味論に通ずるところがある．しかし，1.1 節でふれた「社長は頭から湯気を出している」のように，"A is B" の形式をとらないメタファーについてはどのようにして相互作用を導くかといった問題もあり，「相互作用」や「投射」のシステムについての詳しい議論は，認知意味論の登場を待たねばならない．

　比喩の意味を考えるにあたって，真理条件的意味論ではいずれにせよ限界があるため，むしろ，文脈中での発話の意味を扱う語用論のほうが適切と思われる．しかし，語用論での解決法も，意味論のそれと根本的な相違はないと言える．たとえば Grice (1975) の理論に則った捉え方は，次のとおりである．聞き手が比喩表現の字義的意味を最初に解釈すると「偽」

となるが，発話者が協調の原則（Cooperative Principle）に従っているとの想定のもと，聞き手は所与の文脈において推論を行うことで得られる「会話の含意」（conversational implicature）として，比喩的意味を得る．つまり，この見方では，比喩的表現がいったんその字義どおりの意味を解釈されて「偽」であると判定されるという「意味論的」段階と，会話の含意を導く「語用論的」段階という，2つのステップを含んでおり，前者の段階は真理条件的意味論の踏襲である．また，このように2つのステップを経て比喩が解釈されると仮定すると，その解釈に要する処理時間は，字義どおりの表現に比べて長くなるものと予測されるが，心理学的な実験結果が必ずしもその予測を支持しないなど，問題点が指摘されてきた．このような語用論的研究の流れを引き継ぐ関連性理論においても，比喩的意味が表意（explicature）であるか推意（implicature）であるかが，論点の1つとなっている（詳細は，本モノグラフシリーズ第21巻『関連性理論の新展開』を参照のこと）．

1.5　認知意味論の登場とメタファーおよびメトニミー

比喩への言語学的アプローチを大きく転換させたのが，Lakoff and Johnson (1980) による *Metaphors We Live By* である．Lakoff and Johnson は，一見すると「字義どおり」と思われる日常的表現の多くが，実際にはメタファーやメトニミーであることを指摘し，それらが単に言語表現として比喩的なのではなく，「概念メタファー」と呼ばれるベースが根底に存在しており，ここから多様な，しかし一貫性のあるメタファー的表現が産出されているという見方を打ち出した．Lakoff and Johnson によって，メタファーおよびメトニミーは，「言語」の問題から「概念」の問題へと移行したのである．

Lakoff and Johnson による概念メタファーの提唱は，新しい比喩研究の方法を示したにとどまらない，重要な理論的含意をはらんでいた．第一に，従来の客観的意味論に対し，「主観的意味論」を打ち出したことがあげられる．これはつまり，言語の意味とは，客観的に外界を描写したものではなく，話者によって概念化された外界のあり方を記号化している，と

いう見方である．したがって「真理」(truth)も，客観的に記述されるものではなく，話者の心の中で捉えられ概念化されたものとなる．また，認知意味論は，思考体系を構成している概念メタファーが経験に根ざしたものであることから，「経験基盤」，「身体性基盤」の立場をとる．これは明らかに，心身分離を前提とするデカルトの客観主義的・合理主義的哲学とは相反する見方であり，認知意味論がパラダイム転換をも含意するものであることがわかる(詳しくは Lakoff and Johnson (1999) を参照のこと)．

　本書では，認知意味論によるメタファーとメトニミーの研究と，その理論の流れを概観するとともに，心理学をはじめとする関連領域での研究と照らし合わせることにより，そのメカニズムの解明の手がかりを幅広く求めていきたい．第 2 章から第 4 章でメタファー理論の展開を追うが，第 2 章では Lakoff and Johnson (1980) による概念メタファーを，第 3 章では Johnson (1987) によるイメージ・スキーマと Lakoff (1987, 1993) によるメタファー写像を中心に取り上げる．第 4 章では，Grady (1997a) によるプライマリー・メタファーについて述べ，最近の動向を概観する．第 5 章ではメトニミーの認知意味論的分析について，第 6 章ではメタファーとメトニミーの相互関係について考察する．最後に第 7 章では，認知科学の領域での類推研究から，メタファー写像，概念メタファーを再考し，今後の研究の展望をはかりたい．

第 2 章　概念メタファー

　この章では，認知意味論の出発点でもあり大きな礎でもある，Lakoff and Johnson (1980) の「概念メタファー」を中心に取り上げる．その主な論点と，以降のメタファー研究への課題となる点を，今日的な視点から概説するとともに，伝統的なメタファー論とこの概念メタファーが，どのような点で異なっているかについても見ていきたい．

2.1　導管メタファー：概念メタファーの出発点

　最初に，Lakoff and Johnson の先駆的研究と言える Reddy (1979) が指摘した，「導管メタファー」(conduit metaphor) について見ることから始めよう．導管メタファーとは，以下の (1) にあげるような，コミュニケーションに関するメタファーである．

(1) a. IDEAS ARE OBJECTS　（考えは物体である）
     b. LINGUISTIC EXPRESSIONS ARE CONTAINERS　（言語表現は容器である）
     c. COMMUNICATION IS SENDING　（コミュニケーションは送ることである）
           （Lakoff and Johnson (1980, 10) による要約）

つまり私たちは，パイプラインである「導管」を通じてコミュニケーションを行っており，その導管の一方にいる話し手は，「言語表現」という容器の中に「考え」を詰めて聞き手に送っている，とモデル化していると言うのである．Reddy は，以下のような表現が実際には比喩的であることを

指摘して，この導管メタファーの存在を示した．

（2） a. Try to *get* your *thoughts across* better. （考えがもっとよく伝わるようにしなさい．）
　　　b. None of Mary's *feelings came through* to me with any clarity. （メアリーの感情は，私のところへはっきりやって来なかった＝伝わらなかった．）
　　　c. You still haven't *given any idea* of what you mean. （あなたはまだ，何を言いたいのか，何も考えを与えてくれていませんよ．）
　　　d. Whenever you have a good idea practice *capturing it in words*. （良い考えがあったら，それを言葉で捉えるようにしなさい．）
　　　e. You have to *put* each *concept into words* very carefully. （1つ1つの概念を，慎重に言葉に置いていかねばならない．）
　　　f. Never *load a sentence with* more *thoughts* than it can hold. （1つの文に，それが持ちこたえる以上の考えをけっして積み込まないように．）　　　　　（Reddy 1979, 166–167）

　ことばや考え，感情などは，実際に身体を使って文字どおりに渡したり（get across），受け取ったり（receive），与えたり（give）することはできない．また，単語や文などの言語表現は，実際に容器のような「内」や「外」がなく，したがって，その内側に内容物を入れたり（put），積んだり（load）することもできない．しかし，私たちは（2）の文を無意味な文だとは解釈せず，コミュニケーションに関する一般的な表現であるとみなすのである．それは私たちが，（1）の導管メタファーに基づいてコミュニケーションを理解しているからにほかならない．

　また，場合によっては，導管が特定の聞き手につながらない，以下のような事例もある．

（3） a. Put those thoughts down on paper before you lose them! （忘れてしまう前に，考えを書いておきなさい！）
　　　b. Mary poured out all of the sorrow she had been holding in

for so long.（メアリーは，長い間抱えていた悲しみを全部吐露した．）
   c. That concept has been floating around for decades.（その概念は，何十年間も宙に浮いたままだ．）

(Reddy 1979, 171)

Reddy はこうした事例を観察し，英語話者にとって導管メタファーがコミュニケーションを概念化する枠組みとなっており，思考過程もその枠組みに従う傾向にあることを示したのである．Reddy 自身の研究の意図は，メタファーによるコミュニケーションの枠組みの衝突が，社会的・文化的問題につながり得るという考えを示すことだったが，彼の研究は，メタファーが言語の問題ではなく概念の問題であるということをはじめて明示したという点で，その後の認知意味論の誕生に大きく寄与したと言える（Lakoff (1993, 203–204) にも，Reddy の研究の意義が述べられている）．

Reddy の導管メタファーにインスピレーションを得て，Lakoff and Johnson (1980) は *Metaphors We Live By* によって，新しいメタファー論を展開した．彼らは，メタファーが「修辞法」，「ことばの彩」といった特別な言語表現ではなく，より根源的に私たちの思考・概念の基礎をなしていることを，広範なデータからはじめて体系的に示したのである．メタファーが言語に限られない概念的な問題であるという意味で，彼らの提案するメタファーは「概念メタファー」（conceptual metaphor）と言われる．

Lakoff and Johnson は，次に示す3種類の概念メタファーを提唱している．

・構造のメタファー（structural metaphor）
・方向性のメタファー（orientational metaphor）
・存在のメタファー（ontological metaphor）

以下では，この3種類について，それぞれ詳しく見ていく．

2.2　構造のメタファー

最初に，以下の例を見てみよう．

(4) TIME IS MONEY （時は金なり）
    a.　You're *wasting* my time. （あなたは私の時間を浪費している．）
    b.　The gadget will *save* you hours. （この装置を使えば，何時間も節約できる．）
    c.　How do you *spend* your time these days? （最近，どんなふうに時間を使っていますか．）
    d.　That flat tire *cost* me an hour. （あのパンクしたタイヤには1時間かかった．）
    e.　I've *invested* a lot of time in her. （彼女に多くの時間を投資した．）
    f.　You need to *budget* your time. （時間の予定を立てなくてはなりません．）　　　　　　　(Lakoff and Johnson 1980, 7–8)

このように私たちは，「時間」(TIME) を表現するのに「お金」(MONEY) に関する表現を用いている．(4a–d) に用いられている動詞は，「時間」と「お金」の両方に関係する意味が非常に慣例化しているため，これらの動詞が多義的である——たとえば，動詞 cost は「お金がかかる」と「時間がかかる」という2つの意味を，辞書的意味として備えているのだ——と思われるかもしれない．しかし，(4e) の invest（投資する），(4f) の budget（予算を立てる）になるとどうだろうか．これらの本来的意味が「お金」に関するものであり，それが「時間」に適用されていることが，より明確にわかるだろう．

　(4) にあげた表現が，「お金」から「時間」を述べているという事実は，単なる偶然だろうか．しかし，そこには偶然の一致として片づけられない一貫性があることに気づくだろう．これらのさまざまな表現を産み出すもととなっているのが，TIME IS MONEY という概念メタファーである．このメタファーが概念として頭の中に存在しているからこそ，私たちは，

「時間」を「お金」とみなした数多くの言語表現を産出するのである．（以下，概念メタファーは大文字で表記する．）

次の例は，ARGUMENT IS WAR（議論は戦争である）という構造のメタファーから産出された言語表現である．

(5) ARGUMENT IS WAR
  a. Your claims are *indefensible*. （あなたの主張は守りようがない．）
  b. He *attacked every weak point* in my argument. （彼は，私の議論の弱点をすべて攻撃した．）
  c. I *demolished* his argument. （彼の議論を粉砕した．）
  d. I've never *won* an argument with him. （彼との議論に勝ったことがない．）
  e. You disagree? OK, *shoot*! （反対か？　わかった，撃ってみろ！(＝言ってみろ！)）
  f. He *shot down* all of my arguments. （彼は私の議論をすべて撃ち落とした．） (Lakoff and Johnson 1980, 4)

これらの例は，「議論」(argument)をいずれも「戦争」(war)に関わる表現で述べている．言うまでもなく，「議論」と「戦争」はまったく異なる行為である．議論は戦争のように武器や身体的な力を用いたりはせず，ことばを通じて行うものであるが，私たちは，あたかも武器を用い((5e, f))，身体的・物理的な力をもって((5b, c))，陣地の奪い合いをするかのように((5a))，「議論」を表現するのである．この場合も，ARGUMENT IS WAR という概念メタファーが基盤にあるからこそ，私たちは「戦争」の持つさまざまな側面を用いて「議論」を表す言語表現を生み出しているのである．

では，私たちはどのようにして，ARGUMENT IS WAR という概念メタファーを得ているのであろうか．Lakoff and Johnson (1980) は，以下のように，「議論」という経験の構造が「戦争」の構造に合致するからであると述べている．

(6) 戦争の構造
  参加者: 2つの敵対するグループ．
  構　成: 2つの陣地がある，戦略を立てる，攻撃する，守る，撤退する，作戦を立てる，反撃する，膠着状態になる，休戦する，降伏する・勝利する．
  段　階: 初期条件　参加者は異なる陣地にいる．一方が，あるいはお互いに，相手を降伏させたいと思っている．どちらの参加者も，自分の陣地を守れると思っている．
      開　始　一方が攻撃する．
      中　間　守り，作戦，撤退，反撃の組み合わせ．
      終　末　休戦するか，膠着するか，降伏・勝利が決定する．
     最終段階　平和が訪れ，勝利者が敗者を支配する．
  線的順序: 攻撃の後に撤退．
      攻撃の後に守り．
      攻撃の後に反撃．
  因果関係: 攻撃によって，守り・反撃・撤退・終焉がもたらされる．
  目　的: 勝利． (Lakoff and Johnson 1980, 80–81)

「戦争」の構造と同じ構造を持つことばのやりとりが，「議論」に相当することがわかるだろう．私たちは，「戦争」と「議論」の間にこのような構造上の類似性を見出しているからこそ，ARGUMENT IS WAR という概念メタファーを得ているとも言えるし，また，私たちの「議論」の概念そのものが，「戦争」という概念によって「構造を与えられている」とも言える．「戦争」という概念なしには，「議論」がどのような行為を意味するのかを説明することも，また「議論」のさまざまな側面を言語表現で言い表すこともももはや困難である．つまり，私たちにとっての「議論」という概念そのものが，「戦争」という概念に依存しているのである．このように，1つの経験や概念が他の経験や概念に「構造を与える」，あるいは，構造の類似性 (structural similarity) を特徴づけるという意味で，これらは

「構造のメタファー」と呼ばれるのである．

もう1つの構造のメタファーについて見てみよう．

(7) LOVE IS A JOURNEY （恋愛は旅である）
    a. Look *how far we've come.* （長い道のりをやって来たね．）
    b. We're *at a crossroads.* （私たちは岐路に立たされている．）
    c. We're *stuck.* （私たちは行き詰まっている．）
    d. It's been a *long, bumpy road.* （長いでこぼこ道だった．）
    e. Our marriage is *on the rock.* （結婚は暗礁に乗り上げている．）
    f. We've gotten *off the track.* （軌道からそれてしまった．）
                                                   （Lakoff and Johnson 1980, 44–45）

こうした一連の表現からわかるように，私たちには，「恋愛」を「旅」で捉える概念メタファーがある．この時，「恋愛」と「旅」に共通した構造とは何であろうか．たとえば，旅には出発地と目的地があり，その間の道のりを目的地に向かって進んで行くが，その道のりは必ずしも平坦ではなく，ときには障害物に出遭うことも，寄り道することもあり，また，目的地に辿り着けない場合もあるかもしれない．こうした「旅」の構造を通して，私たちは，「恋愛」の一側面を理解しているのである．つまり，「恋愛」にも始まりとゴールがあり，そのゴールに向かって2人で進んで行くが，その経過は必ずしも順調とはかぎらず，ときには問題に遭遇し，他の人に目が行くこともあり，また，ゴールに辿り着かずに破局をきたす場合もある，ということである．

2.2.1 経験とメタファー

これらの「構造のメタファー」は，後で見るそのほかの概念メタファーと同様に，けっして生得的ではなく，経験を通じて得られてきたものとLakoff and Johnson は考えている．彼らがその例としてあげるように，「議論」の仕方が私たちとはまったく異なり，お互いがダンスをするように協調し合いながら1つの意見に到達しようとするのが「議論」だとみな

す文化であれば，ARGUMENT IS WAR という概念メタファーは存在するだろうか．経験的に，「戦争」と合致する構造がないにもかかわらず，ARGUMENT IS WAR という概念メタファーが得られるとは考えられないだろう．

　そして，この「構造のメタファー」にも，伝統的定義での「メタファー」の本質がある．つまり，メタファーとは，ただ単に類似した2つのものを拾い上げ，一方を他方で喩えるのではなく，「既知のもの，具体的なもの」を通して「未知のもの，抽象的なもの」を理解するという機能を持つのである．これまでに見た構造のメタファーにも，同様の関係が成立している．TIME IS MONEY であれば，より抽象的な「時間」の概念を，具体的で身近な「お金」を通じて理解しており，ARGUMENT IS WAR であれば，ことばやアイディアという実体のないものを用いた「議論」を，より具体的に，武器や陣地を用いた「戦争」を通じて理解している．さらに，LOVE IS A JOURNEY の場合，抽象的経験である「恋愛」を，身体を通じて経験できる空間移動である「旅」から理解している，と言えるのである．

2.2.2　経験のゲシュタルト

　経験の構造が合致するか否かは，どのようにして判断されるのだろうか．たとえば ARGUMENT IS WAR の場合，「戦争」の構造は (6) にあげたように複合的である．私たちはその細部の1つ1つを認識し，それらを逐一「議論」の経験と重ね合わせているのだろうか．

　実際に，「戦争」，「議論」といった概念や経験は，多くの部分から構成されているものの，私たちはそれらを，1つのまとまった全体像としてコンパクトに記憶に納めている．これを「経験のゲシュタルト」(experiential gestalt) と言う．経験のゲシュタルトには，「構成要素は複合的だが，その総和は単純である」という特徴がある．そのため私たちは，複雑な処理を経ることなく，経験のゲシュタルトというまとまりを用いることにより，2つの経験の間に対応関係 (correspondence) を見出せるのである．

　ARGUMENT IS WAR という構造のメタファーであれば，たとえば，

ある会話行為を行っていた時，それが「戦争」の経験のゲシュタルトに合致するようであれば，私たちは自分の行っていることがあたかも戦争のようであると捉え，自分の行っている行為を「議論」として経験することになるであろう．

さらに，経験のゲシュタルトは完全に他の経験に一致する必要はない．たとえば TIME IS MONEY というメタファーの場合，時間がお金と同じように貴重で価値あるものであるという認識のもと，私たちは時間を「節約」したり「浪費」したり，その「使い道を考える」．しかし，私たちは「時間をください」とは言えても「時間を返してください」とは言えず，また，時間を「両替」することも「貯めておく」こともできない．このように，経験のゲシュタルトにおける構造は，すべてが一致するわけではなく，また Lakoff and Johnson が述べるように，「議論」と「戦争」が，「恋愛」と「旅」が，「時間」と「お金」がそれぞれ別の種類の経験である以上，完全には一致し得ない．こうした経験の構造上の類似性は，それぞれの概念領域（conceptual domain）の特性に矛盾することなく見出されるのである．この点はのちに，Lakoff (1993) の「目標領域制約」(target domain override) へとつながる（⇒ 3.3.1）．

2.2.3 多面的経験と構造のメタファー

経験や概念の種類によっては，複数の構造のメタファーが存在するものもある．その代表的な例が，「恋愛」(love) に関わるメタファーである．先に，LOVE IS A JOURNEY（恋愛は旅である）というメタファーを見たが，恋愛にはそのほかに以下のようなメタファーが存在する，と Lakoff and Johnson は述べている．

(8) LOVE IS A PHYSICAL FORCE (electromagnetic, gravitational, etc.) （恋愛は電気，磁気，引力などの物理的な力である）
  a. I could feel the electricity between us. （2人の間に電流を感じる．）
  b. They are uncontrollably attracted to each other. （彼らはどうしようもなく引かれ合っている．）

- c. They gravitated to each other immediately. （彼らはすぐにお互いに引きつけられた．）
- d. The atmosphere around them is always charged. （彼らのまわりの空気は，いつも充電されている．(＝熱い)）
- e. 彼を見た瞬間，ビビッときた．
- f. 彼はあの女の子に熱を上げている．

(9) LOVE IS A PATIENT （恋愛は病気である）
- a. They have a strong, healthy marriage. （彼らは強くて健康的な結婚生活を送っている．）
- b. The marriage is dead; it can't be revived. （その結婚は死んでいる．もう蘇らない．）
- c. Their marriage is on the mend. （彼らの結婚は快方に向かいつつある．）
- d. 恋の病いにかかる．
- e. あの人は，恋の免疫がない．

(10) LOVE IS MADNESS （恋愛は狂気である）
- a. I'm crazy about her. （彼女に狂っている．）
- b. She drives me out of my mind. （彼女は僕を狂わせる．）
- c. I'm insane about her. （彼女のことになると正気でいられない．）

(11) LOVE IS MAGIC （恋愛は魔法である）
- a. She cast her spell over me. （彼女は僕に呪文をかけた．）
- b. The magic is gone. （魔法がとけた．）
- c. He has me in a trance. （彼は私を催眠状態にさせる．）
- d. I'm charmed by her. （彼女に魔法をかけられている．）
- e. ほれ薬を飲まされた．
- f. 恋の魔術師

(12) LOVE IS WAR （恋愛は戦争である）
- a. He is known for his many rapid conquests. （彼は多くの女性をすぐに虜にしたことで有名だ．）
- b. She fought for him, but his mistress won out. （彼女は彼をめぐって戦ったが，彼の愛人が勝利をおさめた．）

c. He is slowly gaining ground with her. （彼は徐々に彼女の陣地をものにしていった.）
　　d. He made an ally of her mother. （彼は，彼女の母親と同盟を組んだ.）
　　e. 彼女のハートを射止める.
　　f. 恋敵
　　g. 彼女にバッサリやられた.

（英文の例は Lakoff and Johnson (1980, 49)）

　このように，1つの経験に対して多くの構造のメタファーが存在するからと言っても，それらが互いに矛盾しているわけではない．多くのメタファーが存在することは，それに相応する概念の多面性を示唆しているのである．したがって，「恋愛」には「旅」に喩えられる側面もあれば，「病気」，「戦争」などに喩えられる側面もある，ということになる．Lakoff and Johnson は，「恋愛」のように概念が抽象的であるほど，その理解はメタファーを通じて行われていると言う．逆に，具体的で直接的な経験であれば，メタファーという手段を用いなくてもそれ自体で理解はできるはずである．そのため，具体性のない抽象的な感情経験である「恋愛」を理解するためのメタファーが数多く存在することも，十分にあり得る．

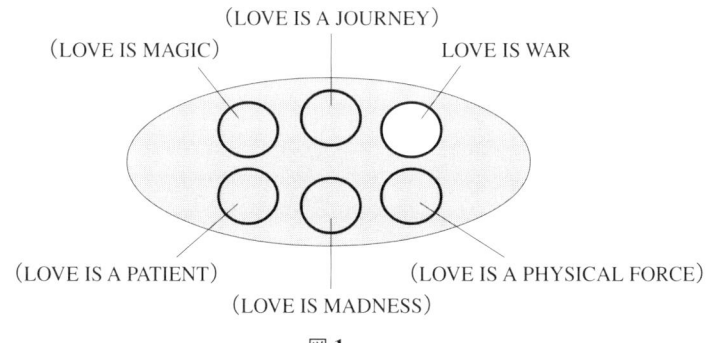

（LOVE IS A JOURNEY）
（LOVE IS MAGIC）　　　LOVE IS WAR

（LOVE IS A PATIENT）　　　（LOVE IS A PHYSICAL FORCE）
（LOVE IS MADNESS）

図 1

　図1に示すように，複数の概念メタファーがある中から1つを選んで用いるということは，その概念のある側面を焦点化させ，そのほかの側面を

背景化することになる．LOVE IS WAR のメタファーによって恋愛を概念化している時には，おのずと，LOVE IS A JOURNEY に対応する側面には目を向けていない．そのため，同じ概念に関する異なるメタファー同士が，衝突し合うこともないのである．

2.3　方向性のメタファー

　方向性のメタファーとは，心理状態・感情・量・支配力・善悪の価値観など，本来は非空間的な経験を「上下」などの位置関係として概念化するものであり，一種の「空間化メタファー」(spatialization metaphor) である（⇒ 3.3.4）．Lakoff and Johnson があげる「上下」のメタファー，さらに，時間に関する「前後」のメタファーについて，例を見てみよう．

2.3.1　上下のメタファー

(13) HAPPY IS UP; SAD IS DOWN　（楽しいことは上，悲しいことは下）
　　a. I'm feeling up. （気分は上々だ．）
　　b. My spirits rose. （気分が高揚した．）
　　c. I'm feeling down. （落ち込んでいる．）
　　d. I fell into a depression. （憂鬱な状態に陥った．）
　　e. My spirits sank. （気分が沈んだ．）
　　f. 有頂天になる．
　　g. 天にも昇る気分だ．
　　h. 気分はどん底だ．

(14) HEALTH AND LIFE ARE UP; SICKNESS AND DEATH ARE DOWN　（健康と生命は上，病気と死は下）
　　a. He's at the peak of health. （彼は健康の絶頂期にある．）
　　b. He's in top shape. （彼は最高に元気だ．）
　　c. He fell ill. （病気になった．）

(15) HAVING CONTROL OR FORCE IS UP; BEING SUBJECT TO CONTROL OR FORCE IS DOWN　（支配力があるのは上，

支配されるのは下）
- a. I have control over her. （私は彼女を支配している．）
- b. His power rose. （彼の権力が高まった．）
- c. He is under my control. （彼は私の支配下にある．）
- d. He fell from power. （彼は権力の座から転がり落ちた．）

(16) HIGH STATUS IS UP; LOW STATUS IS DOWN （高い地位は上，低い地位は下）
- a. He has a lofty position. （彼は高い立場にある．）
- b. He's climbing the ladder. （彼ははしごをのぼっている＝出世の階段をのぼっている．）
- c. She fell in status. （彼女の地位が落ちた．）
- d. 上司・部下
- e. 上級生・下級生

(17) MORE IS UP; LESS IS DOWN （量が多いことは上，少ないことは下）
- a. The number of books printed each year keeps going up. （毎年出版される本の数は上昇し続けている．）
- b. My income rose last year. （昨年の収入が上がった．）
- c. The number of errors he made is incredibly low. （彼のミスの数は驚くほど少ない．）
- d. His income fell last year. （昨年の彼の収入は落ち込んだ．）

(18) GOOD IS UP; BAD IS DOWN （良いことは上，悪いことは下）
- a. Things are looking up. （状況は上向きだ．）
- b. We hit a peak last year, but it's been downhill ever since. （昨年は絶頂にあたったが，それ以来，下り坂だ．）
- c. He does high-quality work. （彼は質の高い仕事をする．）
- d. お天気は明日から下り坂です．
- e. 品質を向上させる．

(19) VIRTUE IS UP; DEPRAVITY IS DOWN （美徳は上，悪行は下）
- a. He is high-minded. （彼は高潔だ．）

b.　She is upright.　（彼女は実直だ．）
　　　c.　I wouldn't stoop to that.　（そこまで身を落とせない．）
　　　d.　That would be beneath me.　（それは私の品位以下だ．）
　　　e.　高僧
　　　f.　すっかり落ちぶれた．
　　　g.　そんな下劣なことはできない．
　　　h.　転落の一途を辿る．
　　　　（以上，英語の例文は Lakoff and Johnson (1980, 15–17)）

　これらの広範な例が示すように，私たちは，本来空間とは関係のないさまざまな経験を，「上下」という空間的位置関係で捉えている．そのため，さまざまな状態を「高い」，「低い」と形容し，そうした状態に変化することを「のぼる」「上がる」，「下りる」「下がる」「落ちる」「沈む」などの空間移動の表現を用いて述べるのである．

2.3.2　方向性のメタファーの基盤

　Lakoff and Johnson (1980) は，これらの方向性のメタファーにも，身体的・物理的・社会的な経験上の基盤があると主張する．その基盤が比較的明確なものから，順に見ていこう．

　(20)　HAPPY IS UP; SAD IS DOWN

　私たちは，楽しい時・嬉しい時には姿勢が上向きになり，逆に，悲しい時にはうつむいた姿勢になる．（これは，人間にかぎらずイヌなどの動物でも同様である．嬉しい時は前足を上げて飛びかかり，怒られている時はうなだれている．また，尻尾の向きも感情に応じて上下する．）感情と姿勢の連動という身体的な理由から，「楽しいことは上」，「悲しいことは下」という結びつけが行われる．

　(21)　HEALTH AND LIFE ARE UP; SICKNESS AND DEATH ARE DOWN

　健康な時には起き上がっているが，病気の時や死んだ時には寝た状態に

なるという身体的な理由から,「健康は上」の結びつけが行われる.

(22)　MORE IS UP; LESS IS DOWN

たとえば,本を積み重ねていくと,嵩(かさ)が上がっていく.量が減ると,嵩は下がる.また,容器の中に水などを入れていっても,水位が上がっていく.このように,視覚的・物理的理由から,「量が多いことは上」という結びつけが行われる.

その一方で,他の方向性のメタファーの基盤は,より複合的である.

(23)　HAVING CONTROL OR FORCE IS UP; BEING SUBJECT TO CONTROL OR FORCE IS DOWN
HIGH STATUS IS UP; LOW STATUS IS DOWN

後者の HIGH STATUS IS UP のメタファーは,前者の HAVING CONTROL OR FORCE IS UP からの帰結である.力や支配力があるということは,それだけ地位も高くなるからである.

Lakoff and Johnson (1980) は,「支配力が上」となる理由として,「体が大きく上背が高ければ,身体的な力が強い」ということ,さらに,「闘争の勝利者が上に立つ(そして敗者は地面に倒れる)」ことをあげ,身体的・社会的な基盤があると述べている.もちろん現在では,身体を使って支配力と地位を得ることのほうが稀である.しかし動物の世界では,力のあるほうが相手に乗りかかって地位を得たり,体を大きく見せて相手を威嚇するといった行為が,一般的である.こうした本能的・根源的なレベルでは,Lakoff and Johnson の説明もあてはまると言えるだろう.

また,支配力と地位の高さは,実際に(象徴的に)空間的な「高さ」をともないがちである.玉座は一段高いところにあり,城郭は小高い山の上に作られることが多い.演壇から話をする時に「高い所から失礼します」と前置きするのも,空間的な高さと地位の高さが慣例的に結びついているからであろう.こうした側面にも,HIGH STATUS IS UP というメタファーによる概念化が顕現しているのである.

2.3.3 時間に関する空間化メタファー

次に，時間概念を表すのに用いられる空間化メタファーについて見てみよう．時間に関しては「前後」という位置関係が用いられるが，その位置づけには2通りある．1つは，「未来が前，過去が後ろ」とするメタファーであり，もう1つは，「未来が後ろ，過去が前」とするメタファーである．

(24) THE FUTURE IS IN FRONT; THE PAST IS BEHIND（未来が前，過去が後ろ）
    a. In the weeks ahead of us ... （未来）
    b. That's all behind us now. （過去）

(25) THE FUTURE IS BEHIND; THE PAST IS IN FRONT（未来が後ろ，過去が前）
    a. In the following weeks ... （未来）
    b. In the preceding weeks ... （過去）

こうした一見矛盾した位置づけを，Lakoff and Johnson (1980, 41–44) は次のようにして説明している．英語の場合，時間は TIME IS A MOVING OBJECT（時間は移動する物体である）という存在のメタファーによって概念化されており，未来は私たちのほう(つまり現在)へ向かって移動してくるのだとみなされている．それを例証するのが，以下の表現である．

(26) a. The time will come when ...
    b. I look forward to the arrival of Christmas.
                                          （Lakoff and Johnson 1980, 42）

この TIME IS A MOVING OBJECT のメタファーから，私たちは図2のようにして時間を捉えていることがわかる．

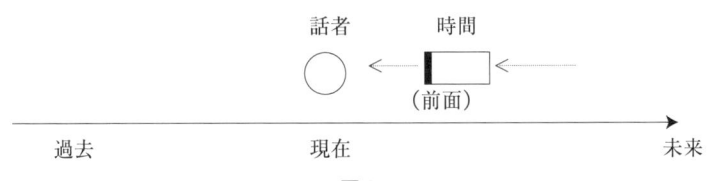

図2

この時，私たちは未来に向かっており，未来もまた私たちのほうへ向かって移動してきている．私たち自身の位置を中心に考えれば，「未来は前」であり，「過去は後ろ」である．その一方で，時間が私たちのほうに前面を向けて移動しているので，ある未来の時間(図では四角形で指示)よりもさらに「未来」にある時間は，後方に続くことになる．したがって「未来は後ろ」，「過去は前」という方向づけが成立する．

このように，「未来は前」は私たち自身を基準にした位置づけであり，「未来は後ろ」はある時間を基準にした位置づけであるということを，Lakoff and Johnson (1980)は次のようなコントラストで説明している．(27a)の 'following' は「後に続く」の意味であるため，ある時間(この場合は 'next week')を基準にした「未来は後ろ」のメタファーであるが，それに対して(27b)のように「私たちに続く週」という言い方はできない．しかし，(27c)のように「未来は前」のメタファーを用いるならば，'ahead of us' と「私たち」を基準として明示することができる．

(27) a. next week and the week following it
b. *the week following me
c. weeks ahead of us　　(Lakoff and Johnson 1980, 43)

以上の Lakoff and Johnson の説明からは，「未来は前」，「未来は後ろ」という正反対のメタファーが，実際には一貫した時間認識に基づいており，それぞれ何に照準を合わせるかによって相反する2つの見方が生じていることになる．しかし，日本語での時間表現における空間化メタファーを見てみると，同じく「未来は前」と「未来は後ろ」の2通りの表現があるものの，英語の場合のような使い分けはないようである．

(28)　「先」(ahead)
　　　a. 先のことを考えてみよう．（未来）
　　　b. 先だってはお世話になりました．（過去）
　　　c. 今から2時間先に...（未来）
(29)　「前」(in front)
　　　a. 前途洋々（未来）

　　　　b.　今から 2 時間前に...　（過去）
　　　　c.　前からそのことは気になっていた．（過去）
　(30)　「後」(behind)
　　　　a.　今から 2 時間後に...　（未来）
　　　　b.　後日，連絡します．（未来）

「先」と「前」は，空間的な用法ではどちらも 'in front' を表すものの，時間を表す用法では「未来」も「過去」も指し得る．英語の場合，時間を基準にした言い方が「未来は後ろ，過去は前」のメタファーに由来しているとのことだったが，日本語では，ある時間を基準にしても「先」が未来を表し，「前」が過去を表す．

　(31)　a.　クリスマスの 2 週間先　（未来）
　　　　b.　クリスマスの 2 週間前　（過去）

このようにしてみると，日本語でも「未来は前」と「未来は後ろ」の 2 通りのメタファーがあるものの，その使い分けに関しては英語と異なる基準が働いているようである．

2.4　存在のメタファー

　存在のメタファーは，抽象的なものを「物体」や「物質」など，実体のある具象物として捉えるメタファーである．先の時間のメタファーでも，TIME IS A MOVING OBJECT という時間認識は，時間という捉えどころのないものを物体に喩えるメタファーが関わっていた．また，(1) にあげた Reddy の導管メタファーの中でも，IDEAS ARE OBJECTS（考えは物体である），LINGUISTIC EXPRESSIONS ARE CONTAINERS（言語表現は容器である）というメタファーは，それぞれ実体のないものを具体的で形のある物体に喩えている「存在のメタファー」の例である．特に，後者のように「容器」(container) に見立てるメタファー(これを「容器のメタファー」と言う)は，非常に汎用性がある．

　「容器」には，以下のような特徴がある．

　(32)　・容器の境界線によって「内側」と「外側」という領域ができる．

- 容器の外側から内側へ，あるいは内側から外側へ，内容物（content）を出し入れする．
- 容器も内容物も，ともに「物体」である．

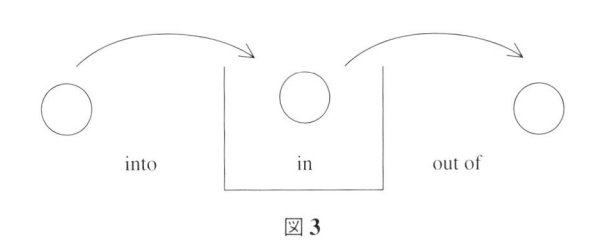

図 3

そして，容器のメタファーに関する例としては，以下のものがある．

(33) a. Are you in the race on Sunday? （日曜のレースに出場するの？）
   b. In washing the window, I splashed water all over the floor. （窓を洗っていた時，床じゅうに水を撒き散らしてしまった．）
   c. How did Jerry get out of washing the windows? （ジェリーはどうやって窓洗いの仕事から逃れたの？）
   d. He's in love. （彼は恋をしている．）
   e. We're out of trouble now. （私たちはトラブルから脱した．）
   f. He fell into a depression. （彼は憂鬱状態に陥った．）

(33a–c) は，行為 (action) や活動 (activity) を「容器」とみなし，(33d–f) は，状態 (state) を「容器」とみなすメタファーに由来している．なお，のちに，容器のメタファーの特徴を示した図 3 は「容器のイメージ・スキーマ」と言われ(⇒ 3.1)，また，「状態」を物理的な容器で区切られた領域とみなすメタファーは STATES ARE LOCATIONS という空間化メタファーに引き継がれ，動詞や構文の意味拡張の分析に大きな役割を果たすことになる(⇒ 3.3.4; 3.5.2)．

2.5 メタファーと文化

概念メタファーが経験のゲシュタルトを介して得られるものであるとすれば，文化的な相違が当然ながら生じてくる．たとえばARGUMENT IS WAR といった概念メタファーは，日本語でも英語と同じように見受けられるが，「戦争」に用いられる武器が英語の場合とは異なっている．

(34) a. 意見を戦わせる．
b. 彼の議論に降参した．
c. 相手の弱点を突く．
d. 相手の意見を一刀両断にする．
e. ミッチー，サッチーを斬る！

日本語の場合は，武器と言えば「刀」であるという連想がはたらくため，言語表現のレベルでは刀に関するものが多く生じる．しかし，根源的には英語の場合と同様に ARGUMENT IS WAR という概念メタファーがあるからこそ，日本語であっても (34) のような一連のメタファー表現が生まれているのである．

また，方向性のメタファーの具現化についても，文化差が見られる．以下の日本語特有の例について考えてみよう．

(35) a. おのぼりさん
b. 上京する．
c. 上り電車・下り電車
d. 都落ち (= 都から地方へ行かされること)

これらは，首都(都)を上，それ以外の地方を下とする，方向性のメタファーの表れであるが，首都が「上」という概念化には，2つの方向性のメタファーが根底にあると考えられる．HAVING CONTROL IS UP のメタファーから言えば，国をつかさどる機能の所在地であるという点で首都は「上」であり，また，HIGH STATUS IS UP のメタファーから言えば，国内の数々の都市を代表するという特別の地位にあるという意味で，首都が「上」となると言える．

また，概念メタファーによっては，きわめて文化固有と思われるものもある．次の例を見てみよう．

(36) RATIONAL IS UP; EMOTIONAL IS DOWN （理性的なことは上，感情的なことは下）
    a. The discussion fell to the emotional level, but I raised it back up to the rational plane. （議論は感情的レベルに落ちてしまったが，理性的なところまで引き上げて戻した．）
    b. He couldn't rise above his emotions. （彼は感情から上に上がれなかった＝理性的になれなかった．）
(Lakoff and Johnson 1980, 17)

Lakoff and Johnson は，(36)のメタファーの基盤として，理性を持つ人間が動物や植物や環境に対する支配力を有していることから，「人間は上」，したがって「理性的なことは上」というメタファーが成立する，と説明している．

一方で日本語の場合，RATIONAL IS UP ではなく，むしろ EMOTIONAL IS UP と思われる事例が見つかる．

(37) a. そのニュースを聞いて，舞い上がってしまった．
    b. 感情が湧き上がってくる．
    c. 舞台に出て，あがってしまった．
    d. 彼女はいつも落ち着いている．
    e. 冷静沈着
    f. 彼は地に足のついた人だ．

また，英語の場合でも，excitement（興奮）に関することであれば，EMOTIONAL IS UP となる表現がある．

(38) a. She's calm down. （彼女は落ち着いている．）
    b. He was keyed up. （彼は興奮している．）
    c. His tension is always high. （彼のテンションはいつも高い．）

こうして見ると，RATIONAL IS UP のメタファーは，英語での思考

モードのある一側面を担ってはいるが，それとは一見矛盾する形の (38) のような表現もまた存在する．さらに，文化が異なれば事情は大きく異なり，RATIONAL IS UP という概念メタファーそのものが存在しないこともある．

英語での RATIONAL IS UP のメタファーは，その根底に MAN IS UP というメタファーがあるが，それは，神とその似姿である人間を「上」にした，階層的な世界観・自然観に由来すると考えられる．Lakoff and Turner (1989) は，このように人間を上位とし，動物・植物を下位とする文化的モデルを，自然界の存在物がそのような連鎖関係にあるとみなす「存在の大連鎖」(the Great Chain of Being) と呼び，それが英詩にどのように反映されているかを分析している．このことからも，階層的自然観が英語の文化的背景の1つとなっていることがわかる．一方で，そうした階層的世界観を持たない文化圏ならば，当然ながら MAN IS UP や RATIONAL IS UP という概念メタファーも生まれてこないのである．このことは，概念メタファーが経験を通じて得られるものであり，人の経験と文化的・社会的背景が切り離せないものである以上，それらの要因がメタファーの成立に大きく関与して然るべきであることを示しているのである．

2.6　Lakoff and Johnson (1980) と認知意味論

Lakoff and Johnson (1980) による概念メタファーは，比喩の研究に一石を投じただけではなく，その後に「認知意味論」という新しいパラダイムが発展していく礎となったが，その主要な概念は，「主観的意味論」，「カテゴリー論」，「経験基盤主義」というキーワードにまとめられる．これらを以下で順に見ていきたい．

2.6.1　主観的意味論

第一に，概念メタファーの存在は，それまでの真理条件 (truth condition)・真理値 (truth value) による「客観的意味論」に対し，「主観的意味論」を推し進める要因となった．客観的意味論では，たとえば「男はオオカミだ」のようなメタファー表現の真理値が「偽」であるため，メタ

ファーを「特別な言い回し」として，意味論研究の対象から除外せざるを得なかった．

しかし，Lakoff and Johnson (1980) によると，メタファーは私たちの概念体系を定義するものであるため，そこから生み出される言語表現もおのずとメタファー的となる．そして，何が「真」であるかも，結局はメタファーから構成される概念体系に応じて判断されることになる．たとえばARGUMENT IS WAR という概念メタファーがあるために，議論を戦争のことばで言い表す一連の表現が生み出されるのだが，ではそれらの表現は「偽」だと言えるだろうか．「議論は戦争」と概念化している以上，私たちにとって「議論は戦争」は「真」であり，それに関わる表現も「真」であろう．また，私たちがメタファーを介して現実を経験し，理解しているとすれば，客観的で絶対的な真実というものの存在も非常に危いのである．

2.6.2 カテゴリー論

第二に，客観主義の否定から，カテゴリー観についても新しい見方を提示することになる．伝統的なカテゴリー観では，カテゴリーが本質的素性の集合から定義されるとみなされてきた．たとえば「鳥」というカテゴリーであれば，「羽がある」，「嘴がある」，「卵を産む」といった素性が，「鳥」というカテゴリーを定義する．それらの素性を持ち合わせるカテゴリーの成員は，均質に「鳥」とみなされ，他のカテゴリー（「哺乳類」，「爬虫類」など）とは明確に区別されるもの，と考えられた．

その一方で，心理学ではすでに，カテゴリーにはプロトタイプという中心的・典型的事例と，それから逸脱した周辺的事例とが存在することが示されていた (Rosch 1978)．Lakoff は，これより以前の「垣根ことば」(hedges) に関する研究から，カテゴリーのプロトタイプや周辺的・境界的事例を示す表現があることに気づいていた (Lakoff 1972)．

(39) a. A robin is a bird par excellence.
 b. Strictly speaking, chickens, ostriches, and penguins are birds.
 c. Loosely speaking, a bat may be considered a bird.
 d. Technically speaking, a bat is not a bird.

このような表現から示唆されるのは，私たちの認識のもとでのカテゴリーとは，明確な境界線のない曖昧なものであり，その中には，よりそのカテゴリーらしいもの，カテゴリーの「良い事例」(good example) となるものもあれば，あまりそのカテゴリーらしくないものもある，ということである．

さらに，概念メタファーの研究から，カテゴリーの定義の主観性が示された．たとえば LOVE IS WAR という概念メタファーの場合，恋愛という経験が，何らかの面で「戦争」のカテゴリーに属するものとして概念化されている，という見方もできる．このように，垣根ことばと同様にメタファーも，カテゴリーを拡張する役割を担っているのである．メタファーによる拡張の重要性は，Brugman (1981) による over の多義性の研究，Lindner (1981) による up, out の多義性の研究を通じて，その後明らかにされていく(その一部として，第 3 章の 3.1.1 節を参照のこと)．

2.6.3　経験基盤主義

第三に，概念メタファーが私たちの経験を基盤としていることから，言語，特に「意味」に関する生得性は大幅に軽減され，代わって「経験」が担う役割の重要性が大きく増した．のちの Lakoff and Johnson (1999) では，経験の中でも特に，身体性 (embodiment) の持つ意味合いが非常に高くなるのである．

言語表現が，経験を基盤として得られた概念メタファーを具現している以上，言語の意味もまた，経験・社会・文化といった基盤を無視して記述することはできない．こうした点と，先に述べた主観的意味論の観点からすると，従来の「意味論」(semantics) と「語用論」(pragmatics)，あるいは「字義的意味」(literal meaning) と「非字義的意味」(non-literal meaning) といった区別の境界線も，曖昧なものとなる．生成文法のパラダイムでは，文脈自由でかつ真理値が算定可能な字義的意味を扱うのが「意味論」，それ以外の，文脈拘束され話者の使用に関わる非字義的表現 (メタファーのほかに，間接発話行為・会話の含意などがその領域に属した)を扱うのは「語用論」という暗黙の住み分けがあった．その流れに沿

うと，字義的であるため意味論の分野で取り扱うとされてきた表現であっても，慎重に検討すると，概念メタファーの表れであるため「非字義的」という事例がきわめて多くなるだろう．実際に私たちは，概念体系を作り上げているメタファーに基づいて物事を理解し，概念化しているため，それを表すのも，あくまで「字義どおり」の表現なのである．メタファーが非字義的なレトリックではなく，概念的なものである以上，「字義的」，「非字義的」の区別もまた，なし得なくなってくるのである．

2.7　新しいメタファー論：伝統的メタファー論との比較

次に，Lakoff and Johnson による概念メタファーから，伝統的に認められてきたメタファーの定義を再考してみよう．伝統的定義によると，メタファーには次のような特徴がある．

- メタファーの定義：メタファーは類似性に基づく比喩である．
- メタファーの機能：メタファーは，「具体的なもの，既知のもの」から「抽象的なもの，未知のもの」を理解するために用いられる．

これらの項目は，Lakoff and Johnson による概念メタファーのもとでは，どのように解釈されるだろうか．順に見ていきたい．

2.7.1　概念メタファーと類似性

伝統的な定義によると，メタファーは「類似性に基づく比喩」である．たとえば「A 先生は鬼だ」という表現は，「A 先生」が「鬼」のように怖くて情け容赦ないなど，両者の類似性に着目しているものである．

Lakoff and Johnson による概念メタファーも，2 つの経験ないし概念の間の「類似性」に基づいている場合が多い．構造のメタファーでは，その類似性が「経験のゲシュタルト」の構造に見出されることになる．その意味で，Lakoff and Johnson の言う類似性とは，「経験的類似性」（experiential similarity)，すなわち，経験を通して主観的に認知される類似性であり，客観的に存在する類似性とは異なる．客観的類似性とは，たとえば

心理学で言う「字義的類似性」(literal similarity) であり，"copper is like tin"（銅は錫(すず)に似ている）というような陳述がそれに相当する．しかし概念メタファーでは，客観的に見た共通性が存在しないにもかかわらず，「類似している」とみなされている場合が多い．

ARGUMENT IS WAR における構造の類似性はすでに (6) で見たが，LOVE IS A JOURNEY の場合は，図4のような「旅」の構造が「恋愛」の一側面として認められるために，両者が類似していると捉えられる．

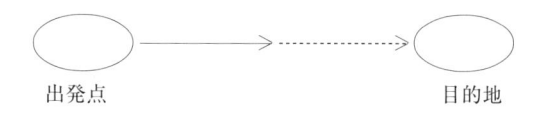

出発点　　　　　　　　　　　目的地

図4　「旅」の経験のゲシュタルトにおける構造

その後の研究では，メタファーに共有されるこうした概略的構造が，「イメージ・スキーマ」(image schema) という形で捉えられることになる．（詳しくは次章 3.2.1 節を参照のこと．）

その一方で，方向性のメタファーにおける「類似性」は，希薄である．たとえば HAPPY IS UP の場合，「楽しい」ことと「上」であることに，類似性があるとは考えられない．むしろ，HAPPY IS UP の経験的基盤で説明があったように，「楽しい」という心理状態と，上向きになる体の姿勢とが（おそらくは因果的に）同時に起こるという，共起関係があると言える．また，MORE IS UP のメタファーにしても同様で，「量が増える」ということと「嵩(かさ)が上がる」という経験が，同時に起こっているのである．（この事実から，Kövecses and Radden (1998) は，メタファーの基盤にメトニミーが存在すると主張する(⇒ 6.3).）

こうしたことから，Lakoff and Johnson は，類似性だけがメタファーの基盤ではないと結論づけている．一般的に見て，概念メタファーは，1つには「経験的類似性」(experiential similarity)，もう1つには，方向性のメタファーの場合のような「経験的共起性」(experiential co-occurrence) という，2種類の相関関係 (correlation) に基づいていると言う (Lakoff and Johnson 1980, 154–155). なお，これらの相関関係は，次章で述べるメタファー写像理論によって統合がはかられることになる．

では，「存在のメタファー」はどうだろうか．この場合は，本来的に実体のないものに実体を与えるメタファーであるため，類似性があっても，きわめて抽象的なものにならざるを得ないし，たとえば「状態」を「容器」に見立てるメタファーでは，方向性のメタファーのような共起性もない．

しかし存在のメタファーは，次の節で見るように，私たちの基本的経験・身体性という点から見ると，理にかなったメタファーである．それはまた，「物体」，「物質」など，私たちにとってもっともアクセスしやすく操作も容易な「基本レベル・カテゴリー」(basic-level category) に置き換えて，抽象物を理解していることにもなる．「擬人化」(personification) も一種の存在のメタファーであるが，これも，私たちにとってもっとも注意の焦点となりやすい「人間」に喩えることで，無生物・抽象物を捉えるものである．

このように，存在のメタファー自体は，抽象物を理解するための一手段であり，また以下で見るように，むしろ他のメタファーの基になる類似性を生み出す働きもあるが，これも私たちの認知的特性を利用していると言える．

論理的含意の相関関係

概念メタファーは，2つの概念や経験を照らし合わせて見出される，類似性や共起性の認識のもとに成り立っていると言えるが，先にも見たように，2つの経験が本来別々の種類のものである以上，それらが完全に重なり合うことはない．それにもかかわらず，概念メタファーを成立させ，そこから生じる言語表現に一貫性があるのは，それぞれの経験に付随する論理的含意 (entailment) が一致するためである．

たとえば，次の構造のメタファーを見てみよう．

(40)　AN ARGUMENT IS A JOURNEY　（議論は旅である）

a. We have set out to prove that bats are birds. （コウモリが鳥であると証明するために出発した．）
b. When we get to the next point, we shall see that philosophy is dead. （次の地点に着けば，哲学は死んだとわかるだろう．）
c. So far, we've seen that no current theories will work. （これまでに，現代の理論でうまく機能するものはないことがわかった．）
d. We will proceed in a step-by-step fashion. （一歩一歩，前進していこう．）　　　（Lakoff and Johnson 1980, 90）

前記の図4に示した「旅」の構造は，「議論」の経験の一側面にも対応する．議論の「目的地」は，「議論を通じてコンセンサスを得ること」であり，その目的地への道のりが，話し合いに対応する．「旅」についてはさらに，以下の論理的含意が成立する．

(41) 旅は経路を定義する
    a. He strayed from the path.
    b. He's gone off in the wrong direction.
    c. I'm lost.
(42) 旅の経路には表面がある
    a. We covered a lot of ground.
    b. He's on our trail.
    c. He strayed off the trail.　　　（*ibid.*, 90–91）

こうした「旅」の論理的含意は，AN ARGUMENT IS A JOURNEY のメタファーを受けて，以下のように「議論」に対しても成立する．

(43) 議論は旅である．
　　旅は経路を定義する．
　　よって，議論は経路を定義する．
    a. He strayed from the line of argument.
    b. Now we've gone off in the wrong direction again.

        c. I'm lost.
（44） 議論は旅である．
      旅の経路には表面がある．
      よって，議論の経路には表面がある．
        a. We have already covered those points.
        b. We're well on our way to solving this problem.
        c. You're getting off the subject.　　　　（*ibid.*）

　このようにして，概念メタファーによって対応されている2つの経験は，それぞれの経験の種類において矛盾のないかぎり，論理的含意についても対応関係を持つ．のちに Lakoff (1993), Lakoff and Johnson (1999) は，論理的含意を「推論」（inference）として扱うことになる．

メタファーは類似性を「作り出す」か？
　Lakoff and Johnson (1980) の第22章では，「メタファーが類似性を作り出す」と述べられている．この主張の解釈は，慎重になさねばならない．なぜなら，これまでに見たように，2つの経験の間にあり得ない類似性や対応関係までも，メタファーによって認識することはできないからである（この点は，第3章の3.3.1節で述べる Lakoff (1993) の「目標領域制約」に反映される）．では Lakoff and Johnson は，どのような意味で「メタファーが類似性を作り出す」と言っているのだろうか．概念メタファーの種類に即して見ていこう．

① メタファーそのものが，他のメタファーを前提としている場合
　Lakoff and Johnson は，(45) に例示する IDEAS ARE FOOD という構造のメタファーが，実際には，より基本的なメタファーを前提にして成立していると言う．

（45） IDEAS ARE FOOD　（考えは食べ物である）
        a. What he said left a bad taste in my mouth. （彼の言ったことは，後味の悪さを残した．）

b. There are too many facts here for me to digest them all. （あまりに多くの事実がありすぎて，全部は消化できない．）
c. I just can't swallow that claim. （その主張はのめない．）
d. That's food for thought. （それは思考の糧になる．）
e. He devoured the book. （彼はその本をむさぼった．）

(Lakoff and Johnson 1980, 46–47)

　これらの例のように，私たちは，思考や意見などを味わったり，消化したり，飲みこんだりして，体内に吸収するものと概念化している．こうした概念化を行うさいには，より基本的なメタファーが関わっている．1つには，(1)の導管メタファーに含まれていたように，IDEAS ARE OBJECTS（考えは物体である）という存在のメタファー，もう1つには，THE MIND IS A CONTAINER（心は容器である）という容器のメタファーがある．それらが組み合わされて IDEAS ARE OBJECTS THAT COME INTO THE MIND（考えは，心の中に入る物体である）というメタファーが成立する．ここではじめて，"pieces of food are objects that come into the body"（食べ物は，体の中に入る物体である）という，食べ物に関する構造と対応関係ができるのである．

　つまり，IDEAS ARE FOOD という構造のメタファーは，まず考えを物体に，心あるいは頭を容器に見立てることを前提としており，「考え」と「食べ物」の間に直接類似性が見出されているわけではない，ということになる．これが，Lakoff and Johnson の言う「メタファーに誘引された類似性」(metaphor-induced similarity) である．この点については，第7章でも再検討する．

② 構造のメタファーと新しい(非慣例的)メタファー

　先にも述べたように，構造のメタファーは，多面的な経験のある側面を際立たせることにより，その他の側面を隠す機能があった．そのため，たとえば ARGUMENT IS WAR というメタファーから議論を概念化しているときには，AN ARGUMENT IS A JOURNEY というメタファーが際立たせる議論の側面(互いにコンセンサスに至る，など)は隠され，意識

にはのぼらないことになる．

　さらに，ある構造のメタファーに即して概念化している場合，そのメタファーが際立たせている側面の中でも，それまで気づかなかった点がメタファーによって発見され，意識できるようになる可能性もある．これが，概念メタファーの生産性につながるのである．そのため私たちは，概念メタファーに基づいて新しく産出されたメタファー表現の意味も理解することができる．

　たとえば，以下の表現を見てみよう．

(46)　a.　議論は格闘技だ．
　　　b.　彼はよけいな発言をして地雷を踏んだ．
　　　c.　○○党党首，大ナタを振り下ろす！

これらはいずれも「議論」に関する表現であるが，あまり慣例的ではなく，新奇な部類に属するかもしれない．しかし，これらが意図する意味を容易に解釈できるのは，これらの表現が，すでに私たちの思考体系に埋め込まれている ARGUMENT IS WAR という概念メタファーから産出されているためである．そのため，私たちは，「議論」のあり方として可能なかぎり，「戦争」の構造に合致する面を新たに発見することができるのである．

　また，別の構造のメタファーについて見てみよう．

(47)　THEORIES ARE BUILDINGS（理論は建築物である）
　　　a.　Is that the foundation for your theory? （それがあなたの理論の土台ですか?）
　　　b.　We need to construct a strong argument for that. （そのためには，頑丈な議論を構築しなくてはならない．）
　　　c.　We need to buttress the theory with solid argument. （しっかりした議論でもって，理論を側面から支えなくてはならない．）
　　　d.　The argument collapsed. （議論は崩壊した．）
　　　　　　　　　　　　　　　　　　　　（Lakoff and Johnson 1980, 46）

上の表現はいずれも,「理論」に関して慣例化されたメタファー表現である.それに対して,次のような非慣例的なメタファー表現はどうだろうか.

(48) a. His theory has thousands of little rooms and long, winding corridors. (彼の理論は,何千もの小部屋と,長く曲がりくねった回廊だらけだ.)
b. He prefers massive Gothic theories covered with gargoyles. (彼は,ガーゴイルで覆われた壮大なゴシック様式の理論を好む.)
c. Complex theories usually have problems with the plumbing. (複雑な理論は,配管設備に問題のあることが多い.)

(*ibid.*, 53)

これらの表現は一般的ではないものの,もとを辿れば,(47)と同様にTHEORIES ARE BUILDINGS に由来している.そのため私たちは,はじめて見た表現であっても,その意味を次のように解釈することができる.(48a)の「小部屋」は,「理論」が細切れになっていることであり,「長く曲がりくねった回廊」は,結論へなかなか辿りつけない遠回しの議論であると解釈できる.また,(48b)での「ゴシック様式の理論」は,見た目上,壮大で非実質的な装飾の多い理論を,(48c)での「配管設備の問題」は,理論の「水はけの悪さ」,つまり,論点が伝わりにくく滞った議論である,ということを意味すると推測できる.

もちろん,私たちがTHEORIES ARE BUILDINGS というメタファーに基づいて「理論」というものを概念化する場合,一般的には,理論のどの側面が「配管設備」に相当するのかという意識はないだろう.しかし,もし私たちの経験において,「配管設備」に対応するものが「理論」にあると認識できれば,そのように表現することもできるし,また,その表現を解釈することもできる.非慣例的な新しいメタファー表現の産出も解釈も,概念メタファーに基づいているという点では,慣例的表現である(47)などと変わらず,両者は連続したものであることがわかる.

ただし，新しいメタファー表現の産出は，あくまで経験の構造に一致する範囲内で行われる．同じ THEORIES ARE BUILDINGS の概念メタファーを用いても，以下のような表現の適切性が落ちるのは，「窓」(windows)や「店子」(tenants)に対応する部分を，「理論」に見出し難いためである．

(49)　a.　?This theory has no windows.
　　　b.　?The tenants of her theory are behind in their rent.
(Grady et al. 1996, 178)

先の(48a)の例では，理論に「小部屋」(little rooms)があっても解釈可能であるのに対し，(49a)で「窓」が用いられないのはなぜかと思われるかもしれないが，窓の持つ機能——たとえば，外の様子を見たり，光を取り入れたり，換気するという「窓」の持つ含意が，「理論」の下位構造にあてはまらないためである．このように，新しい側面での類似性は，その経験に対する私たちの認識・概念に矛盾してまでは，創造されないのである．

2.7.2　メタファーの機能：「具体的なもの」から「抽象的なもの」を理解する

次に，メタファーが，「具体的なもの，既知のもの」によって「抽象的なもの，未知のもの」を理解するために用いられるという，レトリックとしてのメタファーの機能と，概念メタファーを比較してみよう．

比喩表現の場合

たとえば，以下のような「比喩表現」は，いずれも「A は B だ」の形式をしており，A という主意(tenor)の特性を理解するために B という媒体(vehicle)が使用されている．

(50)　a.　男はオオカミだ．
　　　b.　あの先生は鬼だ．
　　　c.　あの子はお姫様だ．

(50a)の場合，もし「オオカミ」がどのような特徴を持つ動物なのかがわからなければ，この比喩表現を理解することはできないだろう．たとえば，オオカミと同じように獰猛で危険な動物に置き換えて，「男はタスマニアデビルだ」と言ったとしても，タスマニアデビルそのものに対する知識がなければ，この表現の意図することは理解できない．(なお，オオカミも私たちの生活環境では見かけない動物である点においては，タスマニアデビルと変わらないと思われるかもしれないが，私たちは，「赤ずきん」，「7匹のこやぎ」などの童話や昔話を通じて，オオカミがどのような動物であるかのイメージを持っており，その意味においては馴染み深く，イメージしやすい動物である．)

また，前節で述べたように，メタファーは類似性に基づく比喩として，伝統的に定義されてきた．類似関係とは，基本的に対称的な関係であり，「AがBに似ている」ならば「BがAに似ている」はずである．しかし，メタファーの場合，以下のようにAとBを入れ替えて，もとと同じ解釈を意図することはできない．いずれの場合も，特別な文脈や談話要因があってはじめて，メタファーとして意味をなすだろう．

(51) a. #オオカミは男だ．
b. #鬼はA先生だ．
c. #お姫様はあの子だ．

このように，メタファーの根底にある類似性は，非対称的な性質を持つ．それは，「具体的なもの，既知のもの」で「抽象的なもの，未知のもの」を理解するためにメタファーが用いられているためであり，その逆に，「抽象的なもの，未知のもの」で「具体的なもの，既知のもの」を理解するという可能性は，まずあり得ないためである(具体的で既知のものならば，他の概念などを頼りにせずに，それ自体で容易に理解できるはずである)．

経験の基本性と概念メタファー

概念メタファーで同様のことが成り立つかどうかを考えるさいには，ま

ず「経験の基本性」をふまえておく必要がある．Lakoff and Johnson (1980, 117) は，以下の要因に関わる経験が，人間の経験においてもっとも基本的で自然なものだと述べている．

(52) a. 身体（知覚・運動装置，心的能力，感情的気質など）
  b. 身体的・物理的環境との相互作用（移動，物体の操作，食物摂取など）
  c. 文化内における他者との相互作用（政治的・経済的・宗教的制度に関して）

この中でも特に「身体」に関わる要因が，私たちの経験の中でもっとも直接的であり，基本的とされる．具体的には，直接身体で接触することのできる「物体の操作」や，身体を用いての「移動」，身体を中心にした「位置」などの「空間的経験」があげられる．その証拠としては，人間の発達過程において，これらの経験や概念が早い段階で習得されるということ，さらに，第1章でふれた共感覚比喩 (synaesthetic metaphor) の場合も，直接的に対象と身体接触のある「触覚」が，もっとも他の感覚に転用されやすいなど，さまざまな事実があげられる．

　概念メタファーの中でも，存在のメタファーと方向性のメタファーは，明らかに，具体的かつ基本的で理解しやすい経験によって，他の経験を特徴づけている．存在のメタファーは，実体のないものを「物体」「物質」などに置き換えており，(52b) の「物体の操作」という基本的経験に従って，抽象物を概念化している．また，方向性のメタファーは，身体を中心に把握することのできる「空間的位置」を援用して，心理状態や善悪の価値観などの抽象的経験を概念化しており，やはりメタファーの機能に合致する．

　さらに構造のメタファーの場合も，基本的経験によって，より抽象的な経験を概念化していることがわかる．

(53) a. ARGUMENT IS WAR
  　WAR: 戦争では武器を用い，陣地や領土を取り合う．
  b. LOVE IS A JOURNEY

　　　　　JOURNEY: 身体を用いた空間的移動である．
　　　c. TIME IS MONEY
　　　　　MONEY: 紙幣・貨幣などの形で直接やりとりできる．
　　　d. THEORIES ARE BUILDINGS
　　　　　BUILDING: 人間が生活するうえで欠かせない物体(一種の容器)．

　このようにして見ると，Lakoff らの経験基盤主義は，経験における「身体性」と，そこから派生する「空間概念」に重きを置く見方と捉えられるだろう．なおこの点に関して，Grady et al.(1996) や Grady(1997a, b) は，概念メタファーの中に経験基盤を持たないものがあると指摘しているが，詳しくは第 4 章を参照のこと．

2.7.3 「メタファー」が指すもの
　最後に，Lakoff and Johnson (1980) ではあまり前面に出されていないが，「メタファー」ということばの定義も，この時点で伝統的定義とは異なるものとなってくる．従来，メタファーとは，比喩的な言語表現そのものを指していた．しかし，Lakoff and Johnson およびその後の認知意味論にとっての「メタファー」とは，あくまで概念レベルで存在する認知的作用を指すように移行する．比喩的表現は，概念レベルのメタファーを言語的に具体化したもの，つまり「メタファー表現」(metaphorical expression) であるということになるため，注意が必要である．

第 3 章
メタファー写像とイメージ・スキーマ

　Lakoff and Johnson（1980）以降，メタファーは概念的問題として認識されるようになり，その作用やシステムについての理論的な整備が進められていった．その結果，1980年代中頃には，メタファーが「イメージ・スキーマ」（image schema）を異なる概念領域に写像するものであるという，「メタファー写像」（metaphorical mapping）が提案されるようになる．その定義は，おおむね以下のように表すことができる．

（1）　a.　メタファーは，起点領域（source domain）から目標領域（target domain）への写像である．
　　　b.　写像される対象の主要なものが，イメージ・スキーマである．

　この章では，メタファー写像の論証に貢献した研究として，Johnson (1987), Lakoff (1987), Sweetser (1988) から，メタファー写像の仕組みを詳細に述べた Lakoff (1993), Lakoff and Johnson (1999) までの流れを追い，写像を基本とした現代のメタファー理論を概観する．また，このようなメタファー写像の考えが，言語学のその他の研究領域や，言語学以外の分野でどのように適用されているかをあげ，その可能性や課題についても見ていきたい．

3.1　イメージ・スキーマとメタファー

　メタファーをイメージ・スキーマの写像として明確に述べた研究の1つ

が，*Metaphors We Live By* の著者の1人である Mark Johnson による *The Body in the Mind* (1987) である．その中で Johnson は，「イメージ・スキーマ」という身体的基盤を持つ抽象的構造体が，私たちの概念，経験，言語的意味においていかに中心的役割を担っているかを，哲学的知見をまじえて詳細に議論している．Johnson は，イメージ・スキーマについて，以下のような定義を与えている．

> （2）　人間の身体的運動や物体の操作，知覚的相互作用の中には，繰り返し生じるパターンがある．そのパターンがなければ，私たちの経験は混沌とし，理解不能なものとなるだろう．こうしたパターンのことを「イメージ・スキーマ」と呼ぶが，それは，イメージの抽象的構造として主要な働きをするためである．イメージ・スキーマとは，その部分同士がある関係性を持ちながら，統一した全体に組織化されたゲシュタルト構造であり，それによって，認識可能な秩序が私たちの経験に表出するのである．
>
> (Johnson 1987, xix)

イメージ・スキーマの事例として代表的なものに，第2章の2.5節でも述べた「容器のイメージ・スキーマ」がある．私たちは，自分自身の身体が「容器」であり，その中に食物や空気などの内容物を取り込むとみなすこともでき，また，私たちを取り囲む環境(家，部屋など)を「容器」とし，自分自身がその内容物であるとみなすこともできる．また，カップや箱，カバンなどの「容器」を操作し，中に別の物体を入れることもある．このように非常に身近な経験から，以下の「容器のイメージ・スキーマ」の構造が得られるのである．

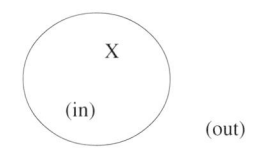

図1

このスキーマにとって重要な構成要素は，空間的境界（spatial boundedness）と，それによって区切られる内・外（in-out）という区分である．こうした内・外のパターンは，物理的・空間的な経験に基づいて得られるものであるが，第2章の2.5節での容器のメタファーの事例で見たように，さまざまな非空間的概念領域に対して適用されている．たとえば，"He is in trouble.", "He is out of trouble." といった表現では，「状態」が「容器」であるとみなされている．これらは，容器のイメージ・スキーマを「状態」という非空間的概念領域に投射した概念化の現れと言える．

そのほか，代表的なイメージ・スキーマとしては，以下のものがあげられる．

（3） ・起点―経路―終点のイメージ・スキーマ
　　　・リンクのイメージ・スキーマ
　　　・動力学のイメージ・スキーマ　（力とその作用・反作用，力を遮る障壁など）

これらは，日常経験において頻出するイメージ・スキーマであり，多くの概念メタファーを産出する基となっている．具体的な事例については，「起点―経路―終点のイメージ・スキーマ」に関しては3.2.1節を，動力学のイメージ・スキーマに関しては3.5.1節を参照されたい．

3.1.1　イメージ・スキーマに基づく多義性の研究

このように，メタファー研究の中でイメージ・スキーマの重要性が主張されるに至った背景には，さまざまな言語研究からの貢献があった．その代表的なものが，Brugman（1981）によるoverの多義性，Lindner（1981）によるup, outの多義性の分析である．彼女らは，1つの語彙に見られる多様な意味を，スキーマという抽象的構造体を用いることにより明確に関連づけ，意味ネットワーク（semantic network）を形成することを示した．前置詞overを例にすると，そのもっとも中心的な用法は，図2のイメージ・スキーマで表示されるような，空間的位置を表すものと考えられる．

（4）　a.　A bird flew over the yard.

b. A plane flew over the hill.

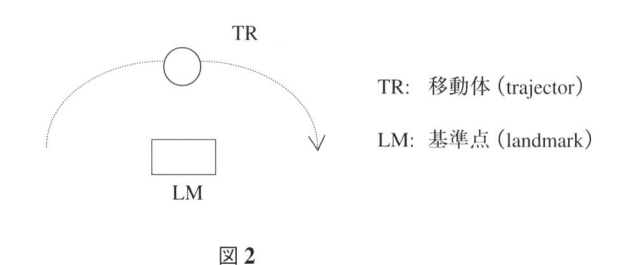

TR: 移動体 (trajector)
LM: 基準点 (landmark)

図 2

このイメージ・スキーマの一部が形を変える「イメージ・スキーマ変換」(image-schematic transformation: ⇒ 5.3.6), あるいは, イメージ・スキーマは同じであるが, その背景となる概念領域が交替するメタファー的拡張によって多義性が生じていることを, Brugman や Lindner の研究が示したのである. たとえば, over のメタファー的用法には, 次のような例があげられる.

(5) She has power over me.

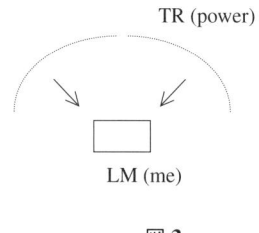

図 3

Lakoff and Johnson (1980) による概念メタファーの1つである HAVING CONTROL IS UP (力を持つことは上)に表されるように, 私たちは, 力のある者は上, 力に屈する者は下, という方向づけを行っている. そのため, (5)のように, あたかも従属者の上から支配者の力が覆いかぶさるように概念化することができるのである.

こうした over の用法は，(4) のような空間的な位置関係を表しているわけではなく，より抽象的な「力」や「権威」などの概念に関わっているが，(4) の中心的用法と無関係とは言えない．背景となる概念，すなわち概念領域（conceptual domain）は異なるものの，そのイメージ・スキーマは，中心的な用法と同じパターンであると考えられるからである．

　以上のように，前置詞や不変化詞など，本来空間的意味を持つ語彙に見られる多義性の研究から，イメージ・スキーマを用いた分析の有効性が証明されてきた．Johnson (1987) はそれをさらに展開させ，イメージ・スキーマが語義の拡張にかぎらず，私たちの概念化全般において重要であることを示したのである．その主張は，すでに *Metaphors We Live By* でも述べられてきたように，私たちの概念体系がメタファーによって成立しており，そのメタファーが，空間的・身体的に見て基本的な概念に基づいていることから，自然に導かれるものでもある．

3.1.2　スキーマに関連する言語理論

　イメージ・スキーマからメタファーを捉える素地を作り上げたのは，多義性の分析にかぎらない．そのほかの重要な研究として，Talmy (1985)，Langacker (1987) があげられるだろう．Talmy (1985) は，動力学（force-dynamics）に関わるスキーマ構造を提案し，強制，力の阻止，助長などの物理的な力関係から，たとえば "He forced me to do the job."（彼は私にその仕事をやらせた）といった「使役」などの非物理的概念が得られるという方向性を示した．この動力学のイメージ・スキーマに基づき，法助動詞の意味拡張を分析したのが，後に見る Sweetser (1990) である (⇒ 3.5.1)．

　また，Langacker (1987) の提案する認知文法 (cognitive grammar) は，形態素の意味だけではなく，文法にとっても，「スキーマ」という抽象化された構造が中心的役割を担うことを実証している．また，意味論に関しても，言語表現の意味にとって背景的な認知領域 (cognitive domain) が重要であることを示している．こうした意味観は，認知意味論的見方と十分に両立するものである．

これら一連の研究とメタファー理論とが相互作用し，認知意味論の基礎が築き上げられてきたのである．

3.1.3　イメージ・スキーマの類似概念

次に，イメージ・スキーマの本質をより明確に把握するために，イメージ・スキーマをそれに類似した概念と比較してみよう．

「スクリプト」，「シナリオ」

スキーマ (schema) という用語自体は，認知科学において 1970 年代後半からすでに用いられていたが，それは「スクリプト」や「シナリオ」と同義とみなされるものであることが多かった．その意味でのスキーマとは，出来事に関する一般的知識を陳述した，命題的なものである．たとえば「車を買う」という行為の場合，どのような場所に行き，どのような手続きを行い，どのような目的を達成することであるかといった事柄について，経験から抽象化されたアウトラインがスキーマに相当する (Rumelhart 1977; Schank and Abelson 1977)．

イメージ・スキーマも，一般的知識に関わる抽象的構造体であるという点ではスクリプトに共通するが，決定的な相違は命題的性質にある，とJohnson (1987) は指摘している．スクリプトは，「いつ，誰が，どこで，何をする」という命題の集合である一方，イメージ・スキーマは非命題的なアナログである．また，イメージ・スキーマは，スクリプトのように知識構造 (knowledge structure) を構成するというよりも，身体的運動や知覚といったレベルで作用し，概念体系を形成する重要な役割を担っているという点でも，相違が見られる．こうした知覚や運動感覚に結びついたスキーマの存在は，認知科学では Neisser (1976) によって提案されているものである．ただし，第 2 章の 2.2 節で見た ARGUMENT IS WAR のメタファーに関わる経験のゲシュタルトは，スクリプト的な性質を帯びており，イメージ・スキーマとスクリプトは完全に二分されるものではなく，連続性を持つものと考えられる．この点に関しては第 7 章でもふれる．

心象（mental picture）

　イメージ・スキーマは，「イメージ」ということばからの連想で，あたかも心の中に描かれる図のようなものとして解釈されがちである．しかし，イメージ・スキーマは，いわゆる心象のような具体性がなく，抽象的で，認知的作用において柔軟に適用できる性質を持っている．また，心象には一般性がないが，イメージ・スキーマはこれまでにも述べたとおり，身体的に基本的な経験から抽象化された一定のパターンである．以上のように，イメージ・スキーマと心象とは，かなり性質の異なるものであることを念頭に置く必要があるだろう．

3.1.4　イメージ・スキーマと身体性

　Johnson (1987) には，'image schema' という用語の代わりに 'embodied schema'（身体的な基盤をもつスキーマ）と呼んでいる箇所がある．このことからもわかるように，Johnson がイメージ・スキーマでもっとも重要視する側面が，「身体性」である．Johnson がこの点を強調するのは，理性的な人間の心（mind）と身体とを完全に分離させた，デカルト的哲学の伝統があるためである．しかし，私たちの概念体系がメタファーによって成立しており，さらに，そのメタファーが身体性を基盤にしたイメージ・スキーマの投射であるとするならば，心と身体はもはや切り離せないどころか，私たちの心の構造を動機づけるのが身体的機能や経験であるという，まったく違う見方が導かれるのである．この「心の身体性」は，後に Lakoff and Johnson (1999) へと受け継がれ，さらに明確に，広範に議論されることになる．

　なお，Johnson 自身の意図するイメージ・スキーマは，カントによる図式（schema: シェーマ）により多大な影響を受けている．カントの言う図式とは，表象（image）や認識（percept）と，概念（concept）の仲立ちをするものである（Johnson 1987, 155）．図式は，たとえば，現実における「イヌ」の事例から抽出される，「4本足である」，「飼いならすことができる」などの「規則」（rule）に対応し，それによって「イヌ」の概念が産出される．このように図式は，抽象的な共通性を認識するレベルとし

てのイメージ・スキーマと，機能的には同一である．ただしカント自身は，デカルト的な「心身分離」を前提にしているため，表象・認識を生む身体的過程を「実質的なもの」(material) に，概念や知性を「形式的なもの」(formal) に分割させており，その点が認知的パラダイムと大きく異なるが，カントの認識には潜在的に，今日的見方に通ずるものがあったと言ってよいだろう．

3.2　領域間の写像としてのメタファー

Johnson (1987) の提案と並行して，同じく *Metaphors We Live By* の共著者である George Lakoff は，*Women, Fire and Dangerous Things* (1987) の中で，メタファー写像という作用を，より前面に押し出すことになる．なお，メタファー写像という用語自体は，Lakoff and Brugman (1986) でもすでに用いられているが，その定義は領域の交替にとどまっているようであり，イメージ・スキーマとの関連は未だ詳しく論じられてはいない．

Lakoff (1987) が提案するメタファー写像とは，(6) に述べるものである．

(6)　メタファーは，「起点領域」(source domain) から「目標領域」(target domain) へとイメージ・スキーマを写像する．

上の定義は，その時点では暫定的なものであり，のちに Lakoff (1990) を経て，Lakoff (1993), Lakoff and Johnson (1999) で定式化されていく．特に，「写像」(mapping) という用語の意味には注意を要する．ここでの写像とは，代数での用語と同義であり，大まかに言って，2つの構造間を「対応づける」ことであると考えてよい．なお参考までに，厳密な数学的な定義での「写像」のもとでは，集合 A と集合 B の間で，集合 A の要素 x に，ある規則によって対応する要素 y が集合 B にある時，x は y に写像されると言う．この時の規則を f とすると，$y = f(x)$ と表記される．

Lakoff (1987) の主張は，すべてのメタファーに「起点領域から目標領域への写像」があり，その写像には経験的な基盤がある，ということに集

約される．メタファーの経験基盤は，Lakoff and Johnson（1980）から受け継がれている．Lakoff and Johnson（1980）では「経験のゲシュタルト」から捉えられていた2つの経験の相関関係（correlations）が，イメージ・スキーマを介した「写像」として明確化されるのである．

3. 2. 1 「写像」から見た概念メタファー

例として，Lakoff and Johnson（1980）で扱った概念メタファーからLOVE IS A JOURNEY および MORE IS UP を取り上げ，「イメージ・スキーマ」と「写像」から再考してみよう．

（7） LOVE IS A JOURNEY（恋愛は旅である）
　　　　起点領域：　　　　　空間（移動）
　　　　目標領域：　　　　　恋愛
　　　　イメージ・スキーマ：「起点―経路―終点」のイメージ・スキーマ

「旅」は一種の空間移動であり，その起点領域には，「起点―経路―終点」という基本的イメージ・スキーマが内在している．私たちは，「恋愛」という，より抽象的な経験の1つの側面に，このイメージ・スキーマに対応する構造を見出し，さらに，起点領域である空間移動の「起点」，「経路」，「終点」を，それぞれ恋愛の「出会い」，「過程」，「結婚」といった部分に対応させる――すなわち，写像させるのである．これを図示すると，以下のようになる．

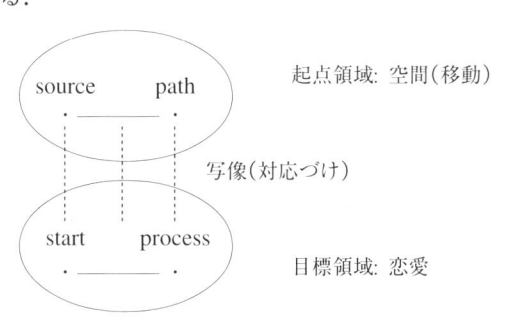

図4

（8） MORE IS UP; LESS IS DOWN
　　　起点領域：　　　　空間（垂直方向）
　　　目標領域：　　　　量
　　　イメージ・スキーマ：「上下」のイメージ・スキーマ

この方向づけのメタファーの場合は，量の増減と「上下」の位置関係に類似性があるわけではない．量の増減と嵩(かさ)の上下が共起していることが，その基盤となっている．したがって，先の LOVE IS A JOURNEY とは異なり，量の増減という経験にともなわれる「上下」のイメージ・スキーマが分離抽出され，それによって両者の間に相関関係が作り出される．

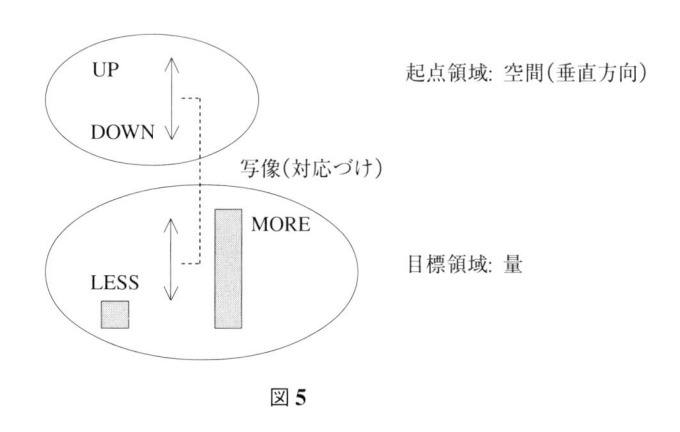

図 5

この時，「上」が量の増加に，「下」が量の減少にそれぞれ写像されるのは，経験的な相関関係による．つまり，私たちは経験を通じて，量が増えれば嵩が高くなり，逆に低くなることはないということを理解しているのである．

　以上のように，メタファーとは，2つの概念領域の間にイメージ・スキーマを介して相関関係を認めることで成立している．メタファー的表現は，起点領域を表す言語表現を，相関関係のある目標領域に対しても使用することで生み出されるのである．

3.2.2 何が「起点領域」となるか

LOVE IS A JOURNEY と MORE IS UP の例からもわかるように，起点領域となるのは，より基本的で具体性のある領域である．Lakoff (1987) は，(i) 日常的経験の中で多出し，(ii) そのために十分に理解することができ，(iii) 十分な構造を持ち，(iv) 以上の理由からよく出現し，十分に個別化することができる，という特徴を持つイメージ・スキーマを有することが，起点領域として機能するための条件であると述べている (Lakoff 1987, 278)．

このように Lakoff (1987) は，日常経験から自然に出現するイメージ・スキーマであれば，起点領域として機能するのに適切であると考える．ただし，どのような経験がより「自然」と言えるか，詳しい議論は Lakoff (1993)，Lakoff and Johnson (1999) を待たねばならない．一方で，Johnson (1987) の提案によると，メタファーに用いられる一連のイメージ・スキーマは，私たちの身体経験によって動機づけられていると言う．彼らの見方を総合してみると，起点領域となるのは，私たちが身体を通じて直接的に経験できる，「理解しやすい」事柄である．そして，それを通じて，より抽象的な事柄を理解することが可能となるのである．

3.2.3 写像はどの程度行われるか

起点領域・目標領域となる経験や概念は，本来同一のものではないので，すべての要素が互いに対応する必要はない．たとえば，LOVE と JOURNEY は，類似性が認められるとは言っても異種の経験であるので，すべてが合致することはあり得ない．しかし，起点領域と目標領域に多くの対応関係が認められるほど，メタファーは自然な動機づけを得られる (Lakoff 1987, 278)．その対応関係の多くを担うのがイメージ・スキーマであるが(これが結局，Lakoff and Johnson (1980) で「構造の類似性」(structural similarity) と呼ばれていたものもカバーすることになる)，一方で，起点領域と目標領域の間で対応づけられるのは，イメージ・スキーマにかぎらないようである．以下の Sweetser (1988) の記述を見てみよう．

(9) Lakoff (個人談話)は，メタファー写像が本質的に，起点領域にあるトポロジー的なイメージ・スキーマ構造を目標領域へ投射する，と提案している．(また，この主張は，ある領域から他の領域へのメタファー写像において他に保持されるものもあるかもしれないが，イメージ・スキーマ構造はつねに保持される，ということを意味している．)　　　　　　　(Sweetser 1988, 390)

この引用にもあるように，メタファー写像においてイメージ・スキーマは重要な役割を担っており，その写像は不可欠であるものの，それが唯一の写像の対象ではない，という点には注意を要するだろう．イメージ・スキーマ以外に写像の対象となるものとして，Lakoff (1987) は，イメージ・スキーマに由来するロジック (logic) をあげている．これは，Lakoff and Johnson (1980) では「論理的含意」(entailment: ⇒ 2.8.1) に相当するが，のちの Lakoff (1993)，Lakoff and Johnson (1999) では「推論」(inference) が写像されるとして，より系統立てて議論している．この点については 3.3.1 節を参照のこと．

3.2.4　メタファー写像の適用：動詞 go から未来標識への発展

メタファー写像が歴史的な意味変化の原動力であることを明らかにしたのが，Sweetser (1988) による文法化の研究である．その詳しい紹介は 3.5.1 節で行うことにして，ここでは，Sweetser が示したメタファー写像の端的な適用例を 1 つあげよう．移動を表す動詞 go (行く) は，通言語的に，未来標識として用いられる傾向にある．英語での be going to もその一例である．Sweetser は，動詞 go のイメージ・スキーマ構造を次のように表示している．

　　自己　　近接する起点　　離れた終点

図 6

第3章 メタファー写像とイメージ・スキーマ　57

動詞 go のイメージ・スキーマは，自己に近い起点から，離れた到着点へと移動することである．このイメージ・スキーマは，「空間」という領域に属している．

その一方で，時間の領域にある「未来」の概念は，どのように表されるだろうか．すでに 2.4.3 節で見たように，私たちは「未来」が「前方」にあるものとして概念化しており，「未来が前方から私たちのほうにやって来る」と見ることもできるが，見方を変えれば図7のように，「未来に向かって私たちが移動していく」と見ることもできる．

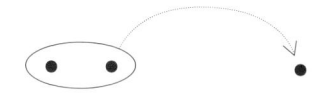

　　　自己　　近接する起点＝現在　　離れた終点＝未来

図 7

このように捉えると，「現在」から「未来」への移行には，空間移動の go のイメージ・スキーマが対応する．空間移動の場合と異なっているのは，それが属する概念領域が「時間」である，という点だけである．これら両者の関係を表すと，図8のようになる．

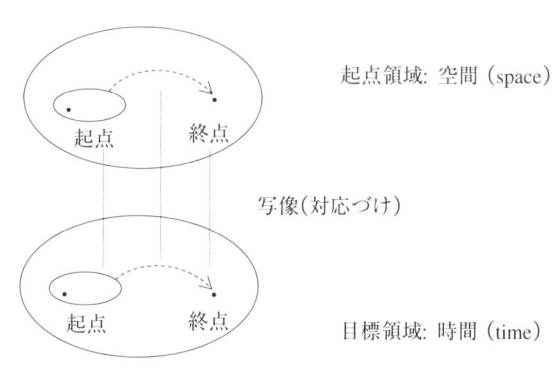

　　　起点　　終点　　　　起点領域: 空間（space）

　　　　　　　　　　　　　写像（対応づけ）

　　　起点　　終点　　　　目標領域: 時間（time）

図 8

「行く」という移動と「未来」とは，概念領域が異なるものの，それらの概念を構造づけるイメージ・スキーマが対応づけられるために，両者は「類似している」とみなすことができる．したがって，「未来」を表すために，空間移動を表す go がメタファー的に用いられるようになり，go は未来標識としての用法を獲得するのである．

この分析で，Sweetser は興味深い点を指摘している（指摘自体は Claudia Brugman による）．それは，同じ移動を表す動詞でも，lumber（のしのし歩く）や wander（さまよう）など，移動の速度や様態を特定した動詞では，未来標識にならないということである．これには 2 つの理由が考えられるだろう．第一に，「時間」の領域には，移動のイメージ・スキーマに加えて，特定の速度や様態に対応する要素があるとは考えにくい．たとえば時間的に未来へ向かって「のしのしと歩く」と描写され得る経験はない．そのため，未来を表すために lumber といった動詞を用いる動機が欠如しているのである．第二に，未来標識という時制標識へと文法化されるさいには，移動の様態など，特定の意味側面をかなり抑制する必要があるため，余剰なコストがかかるためであろう．文法化については，3.5.1 節を参照のこと．

3.3 メタファー写像と不変性原理

メタファーが領域間の写像であるという見方は，その後の認知言語学的なメタファー研究の前提となっていくが，その写像の持つ性質を整備し，統合的に示したのが，Lakoff (1993) "The Contemporary Theory of Metaphor" である．この論文は，メタファー写像の作用の本質を明確かつ詳細に提示しており，その議論の多くは，Lakoff and Johnson (1999) による体系的なメタファー理論へと受け継がれている．

はじめに，Lakoff (1993) による論点の概要を以下に列挙する．

I.　メタファーの性質
　(a)　メタファーは，抽象的概念を理解し，抽象的推論 (abstract reasoning) を遂行するための主要なメカニズムである．

(b) 世俗的なものから深遠な科学理論に至るまで，多くの事柄はメタファーを介してのみ理解される．
(c) 基本的にメタファーは概念的なものであり，言語的なものではない．
(d) メタファー的言語表現は，概念メタファーが表出したものである．
(e) 概念体系の多くはメタファー的であるが，その重要な部分は非メタファー的である．メタファー的理解は，非メタファー的理解に基づく．
(f) メタファーによって，比較的抽象的な，あるいは本来十分な構造を持たない事柄を，より具体的で構造化された事柄によって理解することができる．

II. メタファーの構造
(a) メタファーは，概念領域間の写像である．
(b) 写像は部分的であり，非対称的である．
(c) 写像はすべて，起点領域にある要素と，目標領域にある要素の間の対応関係 (correspondence) が集まった，定まった集合である．
(d) 定まった対応関係が活性化された場合，写像によって，起点領域の推論パターン (inference patterns) を目標領域の推論パターンに投射することができる．
(e) メタファー写像は，「起点領域のイメージ・スキーマ構造を，目標領域の本来の構造と矛盾のないよう投射する」という「不変性原理」(Invariance Principle) に従う．
(f) 写像は恣意的なものではなく，身体および日常的な経験・知識に根ざしている．
(g) 概念体系には，数多くの慣例的なメタファー写像があり，それらは高度に構造化された下位体系を形成している．
(h) 写像には2種類ある．1つは概念的な写像で，もう1つはイメージの写像 (image mapping) である．ただし，双方とも不変性原理に従う．

III. メタファーの諸側面
- (a) 慣例的な概念メタファーの大部分は無意識的で，自動的であり，労力をかけずに使用される．それは，私たちの言語体系やその他の概念体系と同様である．
- (b) 慣例的メタファーの体系は，自動的に，意識にのぼらないレベルでたえず使用されているという点では，文法・音韻の規則と同様に「生きて」いると言える．
- (c) メタファーの体系は，私たちの経験の理解にとって中心的であり，また，私たちがその理解を実行する方法にとっても中心的である．
- (d) 慣例的メタファーは，静態的な対応関係であり，それ自体はアルゴリズム的な性質のものではない．しかし，だからと言って，静態的な対応関係が連続的な言語処理に用いられる可能性を排除しているわけではない．
- (e) メタファーは，類似性よりもむしろ，経験における対応関係に基づいている場合が多い．
- (f) メタファーの体系は，言語の文法および語彙において，主要な役割を担っている．
- (g) メタファー写像の持つ普遍性は，さまざまである．普遍的なもの，広範に行き渡ったものもあれば，文化特有のものもある．
- (h) 詩的メタファーは，大部分が日常的・慣例的なメタファー的思考の拡張である．

これらは，Lakoff and Johnson (1980) および Lakoff (1987) の提案を踏襲しながら，メタファー写像のメカニズムについて詳細に記述し規定したものである．では，関連する項目ごとに整理しながら，メタファー写像の諸側面について見ていこう．

3.3.1 メタファー写像の性質

・「写像は部分的であり，非対称的である．」(II(b))

起点領域と目標領域の概念，あるいは経験は，まったく同一のものではないため，それらの構造は完全に1対1対応をすることはない．その意味

において，写像は「部分的」である．この写像の部分性に関しては，第7章でふたたび詳しく検討する．

　写像が非対称的であるというのは，たとえば LOVE IS A JOURNEY のメタファーの場合，A JOURNEY IS LOVE という逆の方向での写像は行われないことを意味している．つまり，メタファー写像において，起点領域と目標領域の間に対応関係は存在するものの，それぞれの領域の担う役割を入れ替えることはできないのである．第2章の2.8節でも述べたように，起点領域となるものは具体的かつわかりやすい——つまり，私たちの直接的・身体的経験を通じて得られる概念である必要があるためである．このことは，I(a)の「メタファーが抽象的概念を理解するためのメカニズムである」こと，また，II(f)の「写像が身体および日常的な経験・知識に根ざしている」ことからの帰結でもある．

- 「写像はすべて，起点領域にある要素と，目標領域にある要素の間の対応関係が集まった，定まった集合である．」(II(c))
- 「慣例的メタファーは，静態的な対応関係であり，それ自体はアルゴリズム的な性質のものではない．」(III(d))

　3.2節でも述べたように，「写像」とは，集合と集合を対応づけることである．すなわち，「写像」や「投射」(projection) といった用語は，起点領域にあるイメージ・スキーマを，何も対応する要素のない目標領域の上に「課す」ことを意味するのではない．また，III(d)が述べているように，写像は静態的な対応関係であり，ある入力から別の出力を返すようなオンライン的プロセスではないという点には，注意しなくてはならない．つまり，メタファー写像は図9(a)のように行われるのであって，図9(b)のようにして，起点領域のイメージ・スキーマがそのまま目標領域へコピーされるわけではないのである．

図 9（a）

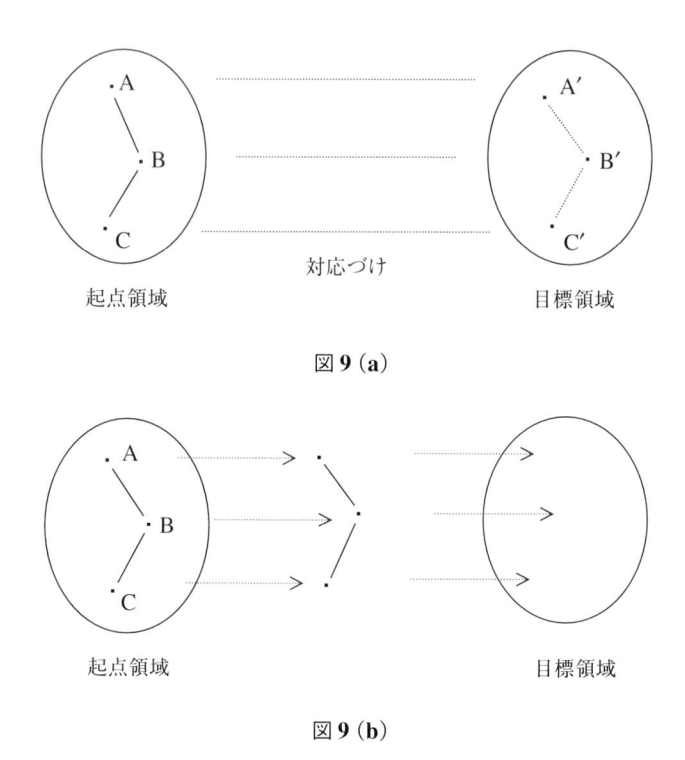

図 9（b）

- 「メタファー写像は，「起点領域のイメージ・スキーマ構造を，目標領域の本来の構造と矛盾のないよう保持する」という「不変性原理」に従う．」（II(e)）

　この不変性原理に先立ち，Lakoff（1990）は，「メタファー写像は起点領域のイメージ・スキーマ構造を保持する」という，不変性仮説（Invariance Hypothesis）を提案していた．これに，「目標領域と矛盾しない」ということをイメージ・スキーマ保持の条件として付け加えたのが，「不変性原理」である．これは，「目標領域制約」（target-domain override）とも言われ，目標領域が起点領域からの写像を無条件に受け入れるわけではないこと，また，目標領域は起点領域と整合するかぎりにおいては写像を受け入れる(そうすることによって，メタファーの動機づけが高まる)ことを

規定する，メタファー写像のメカニズム上，重要な制約となっている．

3.3.2　推論パターンの写像

・「定まった対応関係が活性化された場合，写像によって，起点領域の推論パターンを目標領域の推論パターンに投射することができる．」(II(d))

　メタファーによってイメージ・スキーマ構造が写像されるのにともない，推論パターンも写像されることを明確化したものである．つまり，起点領域のある要素に関して成立する推論が，目標領域で対応する要素に関しても成立する，ということである．
　その例として，LOVE IS A JOURNEY の推論パターンの例を見てみよう．「旅」と「恋愛」の要素には，以下のような対応関係がある．

(10)　a.　The lovers are travelers. （恋人は旅人である．）
　　　b.　Their common life goals are destinations. （彼らの共通の人生目標は，行き先である．）
　　　c.　The love relationship is a vehicle. （恋愛関係は乗り物である．）
　　　d.　Difficulties are impediments to motion. （困難は移動の障害である．）

以前に見たように，LOVE IS A JOURNEY の概念メタファーから，たとえば "Their relationship is dead-end street." （彼らの関係は行き止まりだ）という表現が生じるが，この dead-end street（行き止まり）に関しては，起点領域で以下のような推論が働く．

(11)　起点領域（旅）に関する推論:
　　　a.　行き止まりには先がない．
　　　b.　2 人の旅人が同じ行き先に到着しようとしていると想定すると，行き止まりは，彼らが行き先へ向かって進んでいくことを妨げるだろう．

　　　　c. 行き止まりは，乗り物の動きにとって障害となり，現在の
　　　　　　コースを続けていくのは不可能となる．
　　　　d. ある行き先に向かって，乗り物に乗って旅行をするのは努力
　　　　　　が必要である．もし，旅行者たちが行き止まりに来てしまっ
　　　　　　たら，その努力は無駄なものとなる．

これらの推論は，目標領域においても，次のように並行的に機能するのである．

　　(12)　目標領域（恋愛）に関する推論:
　　　　a.「行き止まり」があると，共通の人生目標を追求できない．
　　　　b. 2人の恋人が共通の人生目標を達成しようとしていると想定
　　　　　　すると，「行き止まり」は，その人生目標に向かって進展し
　　　　　　ていくことを妨げるだろう．
　　　　c.「行き止まり」は，恋愛関係を困難にし，現在の恋愛関係の
　　　　　　コースは不可能となる．
　　　　d. ある人生目標に向かって，ある恋愛関係を機能させることに
　　　　　　は努力が必要である．もし恋人たちが「行き止まり」に来て
　　　　　　しまったら，彼らの労力は無駄になる．
　　　　　　　　　　　　　　　　　　　　（Lakoff and Johnson 1999, 63-64）

　このように慣例的メタファーでは，対応づけられた要素に関する推論パターンも写像されることがわかるが，この推論パターンの対応関係は，以下にあげるような慣例的メタファーの存在を証明する要因の1つであるとLakoff (1993, 205) は述べている．

　　(13)　a. 多義性に関する一般性
　　　　b. 推論パターンに関する一般性
　　　　c. 新しいメタファー的言語表現の産出に関する一般性
　　　　d. 意味変化のパターンに関する一般性
　　　　e. 心理学的実験

これらの側面が，特定の慣例的メタファーが心理的に実在することの根拠となる．中でも特に，(13a) の多義性（起点領域の言語表現が，一貫して

目標領域にも適用されること），(13b) の推論パターン，(13c) の新しい非慣例的メタファー表現(詩的メタファーも含む)の産出性が，証拠としてあげられることが多いようである．(13d) の慣例的メタファーと意味変化については Sweetser (1988, 1990) を，(13e) の心理学的実験によるメタファーの検証については Gibbs (1990) を参照のこと．

3.3.3 空間概念に基づく推論

- 「メタファーは，抽象的推論を遂行するための主要なメカニズムである．」(I(a))
- 「概念体系の多くはメタファー的であるが，その重要な部分は非メタファー的である．メタファー的理解は，非メタファー的理解に基づく．」(I(e))

これらが意味するのは，抽象的推論においても，また概念体系全般においても，中核を担うのは空間的概念とそのイメージ・スキーマである，ということである．

抽象的推論と「容器のイメージ・スキーマ」の関わりを例に見てみよう．Lakoff (1993) は，容器のイメージ・スキーマが古典的カテゴリー観の基になっているとし，また，Lakoff and Johnson (1999) は，それが (14) のように演繹的推論の基になっているとしている．

(14) A と B の 2 つの容器と，対象物 X があるとする．もし A が B の中にあり，X が A の中にあるならば，X は B の中にある．

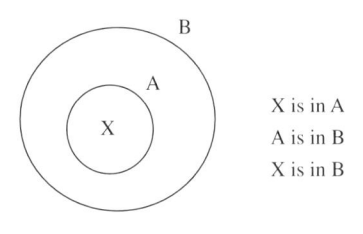

X is in A
A is in B
X is in B

図 10

また，Lakoff (1993, 214) は，線的尺度 (linear scale) に関わる推論も，「起点―経路―終点」のイメージ・スキーマに由来すると述べている．まず経路上の移動について，私たちは (15) のような推論を行う(これを示したものとして，図 11(a) を参照のこと)．

(15) 経路の推論: A 地点から C 地点へ移動しており，中間地点 B にいるとすると，A と B の間の地点すべてを通っており，B と C の間の地点すべては通っていない．

この推論が，MORE IS UP (量が多いことは上)という慣例的な概念メタファーと結合し，上下の方向に投射されると，次の (16) および図 11(b) に示す「尺度」の推論が生ずる．

(16) 尺度の推論: 銀行口座にちょうど 50 ドル持っているとしたら，40 ドル，30 ドルは持っているが，60 ドル，70 ドルなど，それより大きな額は持っていない．

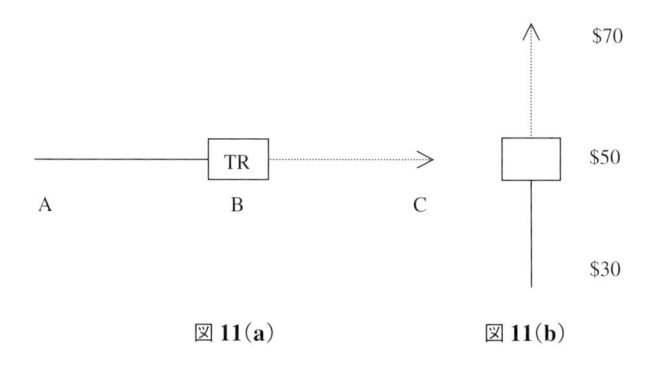

図 11(a)　　　　図 11(b)

このように尺度が経路の概念に基づいていることは，(17) のメタファー的表現からも支持される．これらは intelligence (聡明さ)の「量」について述べているが，far (はるか遠く), go away beyond (〜を越えていく), way ahead of (〜の先にある) といった，経路あるいは移動に関わる表現が用いられている．

(17) a. John is far more intelligent than Bill.（ジョンはビルよりはるかに聡明だ．）
　　 b. John's intelligence goes away beyond Bill's.（ジョンの聡明さは，ビルの聡明さをはるかに越えている．）
　　 c. John is way ahead of Bill in intelligence.（ジョンは，聡明さにおいてはビルの先を行っている．）
(Lakoff 1993: 214)

　Lakoff and Johnson (1999) は，こうしたイメージ・スキーマを「空間的関係に埋め込まれた空間のロジック」(built-in spatial logics) と呼んでいる．つまり私たちは，演繹的推論を独立で行っている(あるいは，行う能力を備えている)わけではなく，身近に経験する空間的関係からそのロジックを得ていると考えられるのである．

3.3.4　空間化メタファー

　「容器のイメージ・スキーマ」，「起点―経路―終点のイメージ・スキーマ」など，空間的関係に由来するイメージ・スキーマは，抽象的推論だけではなく，これまでに見たように多くの概念メタファーの基となっている．起点―経路―終点のイメージ・スキーマは，LOVE IS A JOURNEY という対応づけを動機づけており，容器のイメージ・スキーマも「視界」や「状態」を理解するために用いられていることは，3.3.3節でも見たとおりである．「メタファー的概念体系の重要な部分は，非メタファー的である」という先の Lakoff の陳述の中で，「非メタファー的」なものとはすなわち，他の抽象的概念の基盤となる空間的概念なのである．

　その後，Lakoff and Johnson (1999) では，概念・思考の体系における「身体性」(embodiment) に焦点を合わせることになる．その身体性の1つの次元に，空間概念がある．空間的な位置や移動は，まさに身体を通じて認識し，経験するものであるからである．

　ただし，この身体性および空間概念の重要性は，Lakoff and Johnson (1980) 以来のメタファー研究で含意されてきたことでもある．実際に，上下などによる「方向性のメタファー」も，空間概念によるメタファーで

ある．また Lakoff (1987) は，空間関係のイメージ・スキーマが，古典的カテゴリー観など，さまざまな理論的構成物にも応用されていることを指摘し，「形式の空間化の仮説」(Spatialization of Form Hypothesis) を提案している．これは，「物理的スペース」から「概念的スペース」への写像が行われ，前者のスペースにある空間的構造(すなわちイメージ・スキーマ)が保持される，という見方であり，その詳細については，Lakoff (1993), Lakoff and Johnson (1999) で上述のとおり検討されている．

このように，空間概念に基づくメタファーを「空間化メタファー」(spatialization metaphor) と言うが，その一例として，事態構造の概念を作り出すメタファーについて見てみよう．

空間概念による事態構造のメタファー（event-structure metaphor）

外界で起こる事態 (event) の把握にも，さまざまなメタファーが関与している．それらの中心的なメタファーが，やはり空間概念に基づいていることを，手短かに見てみよう．

Lakoff (1993), Lakoff and Johnson (1999) は，事態構造を概念化する体系の1つに，「場所」(location) の体系があると述べている．その中でも重要なのは，次のメタファーである．

(18)　STATES ARE LOCATIONS (bounded regions in space)　（状態は場所(空間における有界領域)である）

これは本来，「状態は容器である」という容器のメタファーの観点から，「状態」が特徴づけられていたものである(⇒ 2.4)．その拡張として，状態を「場所」，すなわち「空間において境界を持つ(したがって一種の容器とみなされる)領域」として，より空間に密着したレベルで捉えたのが (18) である．

このメタファーの証拠として，(19) のような表現の多義性と，それらの一貫性があげられる．これらの表現はいずれも，起点領域である「場所」に関する言語表現を適用している．

(19)　a.　I'm *in* love.　（私は恋愛中だ．）

b. She's *out of* her depression.（彼女は憂鬱から脱している．）
c. He's *on the edge of* madness.（彼は激怒の崖淵にある．）
d. He's *in* a *deep* depression.（彼は深い憂鬱状態だ．）
e. She's *close to* insanity.（彼女は狂気に近い．）
f. We're *far from* safety.（私たちは安全からはほど遠い．）

(Lakoff and Johnson 1999, 180)

また，推論パターンについても，以下のような対応関係が成立している．

(20) 起点領域
a. If you're in a bounded region, you're not out of that bounded region.（境界を持つ領域内にいるならば，その領域の外にはいない．）
b. If you're out of a bounded region, you're not in that bounded region.（境界を持つ領域の外にいるならば，その領域の中にはいない．）
c. If you're deep in a bounded region, you are far from being out of that bounded region.（境界を持つ領域の深いところにいるならば，その領域からはなかなか脱け出せない．）
d. If you are on the edge of a bounded region, then you are close to being in that bounded region.（境界を持つ領域の瀬戸際にいるならば，その中へじきに入る．）

(21) 目標領域
a. If you're in a state, you're not out of that state.（ある状態にあるならば，その状態にないことはない．）
b. If you're out of a state, you're not in that state.（ある状態ではないならば，その状態にはいない．）
c. If you're deep in a state, you are far from being out of that state.（ある深い状態にあるならば，なかなかその状態を脱することはできない．）
d. If you are on the edge of a state, you are close to being in that state.（ある状態の瀬戸際にあるならば，その状態にじきになる(= 時間がかからない)．）

また,「状態は場所である」というメタファーが成立した場合,次のメタファーも成立することになる.

(22) CHANGES ARE MOVEMENTS （状態の変化は移動である）

移動とは,ある「場所」から別の「場所」へと位置が変化することである.したがって,ある「状態」から別の「状態」への変化も「移動」である,という理解が自然に導かれるのである.(22)のメタファーの例として,次のような表現があげられる.

(23) a. I *came out of* my depression. （憂鬱な状態から脱した.）
b. He *went* crazy. （彼は気が狂った.）
c. She *entered* a state of euphoria. （彼女は非常に幸せな状態になった.）
d. He *fell into* a depression. （彼は憂鬱な状態に陥った.）
e. In the sun, the clothes *went from* wet to dry in an hour. （太陽のもとで,濡れた洋服が1時間で乾いた.）
  　　　　　　　　　　　　　　　　（Lakoff and Johnson 1999, 183）
f. ... others have studied the *routes* by which words *travel from* lexical-content word status *to* grammatical morpheme status. （また,語彙的な内容語の地位から文法的形態素の地位へと語が変化する道すじを研究したものもある.）
  　　　　　　　　　　　　　　　　（Sweetser 1990, 27）

このように,(22)のメタファーが存在するため,come, go, fall など,本来は位置の変化を表す動詞によって,状態の変化が表されることがある.しかし逆に,(24)のように,位置の変化を表すために状態の変化を表す動詞が用いられることはないと言ってよい.

(24) a. John became popular.
b. *John became to San Francisco.

こうした事実からも,「状態」を「場所」と捉える空間化メタファーの存在が示される.また,このメタファーは,文法構文の拡張にも重要な役割

を果たすことになる（Goldberg 1995）．詳しくは 3.5.2 節で述べることにする．

3.3.5 慣例的メタファーと新しいメタファー，詩的メタファー

- 「写像には 2 種類ある．1 つは概念的な写像で，もう 1 つはイメージの写像である．ただし，双方とも不変性原理に従う．」（II(h)）
- 「詩的メタファーは，大部分が日常的・慣例的なメタファー的思考の拡張である．」（III(h)）

これまでは，慣例的メタファー，すなわち，私たちの概念・思考体系に埋め込まれている種類の概念メタファーの写像について見てきた．しかし，メタファー的表現には，非慣例的な「新しいメタファー」（novel metaphor）と呼ばれるものもある．その種類と性質について詳細に研究を行ったのが，Lakoff and Turner による *More than Cool Reason*（1989）である．彼らによると，新しいメタファー的表現には，次の 3 種類があり，詩的メタファー（poetic metaphor）は，これら 3 種類を複合的に用いているという．

(25) a. 慣例的メタファーからの拡張
　　　b. イメージ・メタファー　（image metaphor）
　　　c. 一般的レベルのメタファー　（generic-level metaphor）

(25a) の「慣例的メタファーからの拡張」とは，言語表現そのものは新奇なものであっても，その表現を産出するもととなっている概念的メタファーは慣例的であるケースである．たとえば，以下の表現は LOVE IS A JOURNEY から生まれた表現である．

(26)　We're driving in the fast lane on the freeway of love.　（恋の高速道路の，追い越し車線を走っている．）
(Lakoff and Johnson 1999, 66)

この表現自体は慣例的ではないものの，どういったことを意味している

か，難なく解釈することができる．それは，LOVE IS A JOURNEY というメタファーによる写像によって，(26) の「旅」に関する新しい推論パターンが，「恋愛」にも写像されるからである．

- (27) 「旅」に関する推論:
  乗り物に乗った旅人が追い越し車線を走ると，短時間で多くの前進ができる．
  ただし，乗り物が事故で破壊し，旅人が怪我をする危険もある．
  それでも，乗り物のスピードと危険は，旅人に興奮を感じさせる．
- (28) LOVE IS A JOURNEY による写像:
  恋人は旅人である．
  乗り物は恋愛関係である．
- (29) 「恋愛」に関する新しい推論:
  恋愛関係にある恋人たちが「追い越し車線を走る」と，短時間で多くの前進ができる．
  ただし，恋愛関係が破綻し，恋人たちが傷つく危険性もある．
  それでも，恋愛関係のスピードと危険は，恋人たちに興奮を感じさせる． (*ibid.*, 67)

このように，非慣例的な新しいメタファーであっても，慣例的メタファーと同じ写像を用いている場合が多々ある．以下の詩的なメタファー表現も，LIFE IS A JOURNEY (LOVE IS A JOURNEY の上位にあるメタファー: ⇒ 3.4.1) という慣例的メタファーをベースにしている．こうした事例では，写像そのものは慣例化したものであるが，日常的には活性化されない推論パターンを用いているため，「新しさ」が生まれているのである．

- (30) In the middle of life's road,
  I found myself in a dark wood.
  （人生の道のりの半ばで，気がつくと暗い森の中にいた．）
  　（Dante, *Divine Comedy*; Lakoff and Turner (1989, 9) より）

(31) And all our yesterdays have lighted fools
The way to dusty death.
（昨日という日々はいつも馬鹿者どもに，塵泥の死への道を照らして来ただけだ．）　（Shakespeare, *Macbeth*（木下順二訳）;
Lakoff and Turner（1989, 9）より）

　(25)の他の2つのタイプは，いわゆる慣例的な中核的イメージ・スキーマではなく，「知識」や「フレーム」など，より広範なスキーマを写像させるものである．(25b)の「イメージ・メタファー」は，ある1つのイメージを別のイメージへと写像する．以下の例では，砂時計（hourglass）のイメージが，妻のウェスト（my wife's waist）に写像されている．

(32)　My wife ... whose waist is an hourglass.
（André Breton; Lakoff and Turner（1989, 90）より）

私たちは，砂時計と女性に対する心的イメージを持っているが，その中でも，砂時計の中心部分と女性の腰の部分に，対応関係を見出している．
　このように，イメージ・メタファーは特定の慣例的イメージ・スキーマを写像しているわけではない．しかし，ある存在物などに関する知識やフレームを援用した抽象的構造を，起点領域と目標領域の間に保持している点で，「不変性原理」に従っており，その意味では「慣例的メタファー表現」と連続したものであると言える．なお，残る1つのタイプである「一般的レベルのメタファー」については，3.4節の「メタファーの階層性」の中でふれることにする．

3.3.6　写像から見た「死んだメタファー」

　従来の見方での「死んだメタファー」（dead metaphor）とは，メタファー（比喩）であるということがもはや意識されず，語の字義的意味として定着してしまったものを指す．たとえば，「机の足」の「足」が死んだメタファーとみなされるが，では，慣例的な概念メタファーから生じたメタファー表現はどうだろうか．「時間を浪費する」「時間を稼ぐ」（TIME IS MONEY），「気分は上々だ」「落ち込む」（HAPPY IS UP）といった表現

が使われる時,「机の足」と同様,それらが比喩的であるという意識はない.

しかし, Lakoff and Johnson の定義での「死んだメタファー」とは, その基にある写像が機能せず, 概念体系の中に存在しなくなり, 目標領域の意味だけが残っているものである. 逆に,「生きているメタファー」とは, その写像自体が生きており, 新しくメタファー表現を産出することができる.「机の足」の場合, 身体の「足」のイメージを机の一部分に写像することが概念体系の一部になっているとは考え難い. それに対して, TIME IS MONEY や HAPPY IS UP などの概念メタファーは, 新しいメタファー表現を生む生産性があるため「生きている」メタファーと言え, したがって, それらから生じたメタファー表現も, 死んだメタファーの事例とはならない.

写像は生きているものの, もとの起点領域の意味が失われて, 目標領域の意味だけが残っている事例もある. Lakoff and Johnson (1999, 125) によると, comprehend (理解する) という動詞は, UNDERSTANDING IS GRASPING (理解することは掴むこと) というメタファーに由来しており, ラテン語では 'hold tightly'(しっかり持つ)という意味であったが, 'grasping' の意味はもはや消失し, 'understanding' の意味だけを持つ. しかし, comprehend は「死んだメタファー」ではない. もとにある UNDERSTANDING IS GRASPING の写像が生きているためである.

このようにして見ると, メタファー的言語表現にはきわめて慣用的なものもあるが, それが比喩的であると意識できるか否かだけでは, メタファーが生きているか死んでいるかの判断はできない. その産出元である写像の機能が, 私たちの概念体系において生きているか死んでいるかを考慮しなくてはならないのである. ただし, Lakoff and Johnson (1999) の定義からすると, 本当に「死んだメタファー」と言える事例はごく限られており, 大部分が「生きたメタファー」に相当すると予測される.「生きたメタファー」の中でも, その慣用性や, 起点領域の意味の「生死」を考えると,「生きている」程度にも事例によって相違があるだろう. その方向での研究として, Goatly (1997) を参照のこと.

3.4 メタファーの階層性

メタファー写像の詳細なメカニズムについては，これまでに見てきた Lakoff (1993) でほぼ説明がなされているが，Lakoff and Johnson (1999) で新しい側面として取り込まれているのが，「メタファーの階層性・基本性」，つまり，メタファー相互の相対的関係である．メタファーの階層性については，Lakoff (1993) でもすでに議論はあるが，それに加えて Grady (1997) の提案するプライマリー・メタファー (primary metaphor) と複合的メタファー (compound metaphor) の区別 (⇒ 第4章) が取り入れられ，メタファー間の相互関係が議論されている．

カテゴリー研究において認められている「上位レベル」(抽象的・一般的)，「基本レベル」，「下位レベル」(具体的・特定的) という階層性は，メタファーに対してもあてはまる．その例として，次のメタファーに関係する階層関係を見てみよう．

(33) A PURPOSEFUL LIFE IS A JOURNEY（目的のある人生は旅である）

A PURPOSEFUL LIFE IS A JOURNEY には，(34) のような写像が成立しており，このメタファーの存在については，(35) ほか多くの表現から確かめられる．

(34) A Person Living A Life Is A Traveler （人生を生きている人は旅人である）
Life Goals Are Destinations （人生の目的は，旅の終着点である）
A Life Plan Is An Itinerary （人生の計画は旅程である）

(35) a. He's without direction in his life. （彼の人生には方向性がない．）
b. I'm at a crossroads in my life. （人生の岐路に立っている．）
c. He's gone through a lot in life. （彼は多くのことを切り抜けてきた．） (Lakoff 1993, 223)

d. 人生は百代の過客にして，行き交う年もまた旅人なり．

(松尾芭蕉『奥の細道』)

私たちは，一般に「長期間の目的ある活動」(long-term purposeful activity) を「旅」として概念化しており，その典型的な事例として，「人生」という長期間の活動を「旅」とみなしているのである．つまり，A PURPOSEFUL LIFE IS A JOURNEY 自体は，A LONG-TERM PURPOSEFUL ACTIVITY IS A JOURNEY という上位メタファーの一例であるとみなされる．

また，A PURPOSEFUL LIFE IS A JOURNEY の下位クラスに相当するメタファーもある．その1つが，第2章の 2.2 節で見た LOVE IS A JOURNEY (恋愛は旅である) である．「恋愛」もまた人生での出来事の1つであり，やはり長期間にわたる活動で，そこには目的があり，また始まりと終わりがある．したがって，LOVE IS A JOURNEY は A PURPOSEFUL LIFE IS A JOURNEY の下位メタファーであると言える．

このように，3つのメタファーは階層関係にあり，下位のメタファーはそれぞれ，上位のメタファーの写像を「継承」(inherit) する，と Lakoff (1993) は述べている．

(36)　A LONG-TERM PURPOSEFUL ACTIVITY IS A JOURNEY
　　　↓
　　　PURPOSEFUL LIFE IS A JOURNEY
　　　↓
　　　LOVE IS A JOURNEY

メタファーにこうした階層性が認められる一方で，カテゴリーの階層性の場合と同様に，私たちの認識の特性として，「基本レベル」のメタファーがもっとも活性化されやすいと考えられる．

ここで，先の (25c) であげた「一般的レベルのメタファー」(generic-level metaphor) について考えてみよう．これは，特定的で具体的なレベルのメタファーの上位にあるメタファーで，Lakoff and Turner (1989) は，それによって詩的な新しいメタファー表現が産出されていることを示して

いる．

彼らがあげている一般的レベルのメタファーの1つに，EVENTS ARE ACTIONS（出来事は行為である）というメタファーがある．それによって，たとえば「死」という出来事は，何らかの「行為者」として擬人化され，詩の中で描写されることがある．その一例として Lakoff and Turner があげるのが，馬車を走らせる「御者」の役割である．彼らによると，(37) に引用する Emily Dickinson の詩 "Because I could not stop for Death" では，死が，馬車の御者として擬人化されている．第1連第2行の「彼」(He) が指しているのは「死」(Death) であるが，それが馬車を走らせてやって来て「わたし」の前で止まり，「わたし」を乗せて連れていったことから，「死」があたかも馬車の御者として描かれていることがわかる．

(37)　Because I could not stop for Death —
　　　He kindly stopped for me —
　　　The Carriage held but just Ourselves —
　　　And Immortality.

　　　We slowly drove — He knew no haste
　　　And I had put away
　　　My labor and my leisure too,
　　　For His Civility —

　　　（死のために立ち止まることができないので
　　　死が親切にわたしのために止まってくれた
　　　馬車にはわたしたちだけ
　　　いや それに不滅の生も

　　　ゆっくりと進んだ — 彼は急ぐようすもない
　　　わたしは 仕事も余暇も
　　　彼の慇懃さにこたえて
　　　捨ててきた）　　（Dickinson, P-712；岩田典子 (1997) より）

同様に，T. S. Eliot の "The Love Song of J. Alfred Prufrock" の中で，死

が旅立ちの馬車の「従僕」(footman) として描かれていることを，Lakoff and Turner は指摘している (Lakoff and Turner 1989, 10).

このように，「死」という出来事は，「御者」，「従僕」という行為者として擬人化されるが，その一方で，「教師」，「大工」などの行為者で「死」を象徴することができないのは，明らかである．したがって，一般的レベルのメタファーとして EVENTS ARE ACTIONS が存在していたとしても，「死」を擬人化することのできる行為者の種類は限られていることがわかる．

では (37) などのように，「御者」や「従僕」という擬人化を動機づけているのは何だろうか．それは，(38) にあげる，より基本的なレベルのメタファー，DEATH IS DEPARTURE である．

(38)　DEATH IS DEPARTURE　（死は旅立ちである）
　　　a.　旅立ちとは，別の場所(世界)に行くことである．
　　　b.　旅立つさい，乗り物の運転者や御者が，別の場所へ連れて行く役割を果たす．

私たちは，起点領域である「旅立ち」に関して，(38a, b) のような知識を持っている．これが，LIFE IS A JOURNEY というメタファーと結合した結果，人生を送る人は旅人であり，旅立ちによって新たな場所——すなわち天国や来世へ行く，ということになる．この旅立ちを引き起こすのは，まさに「死」という出来事である．それに加えて，上位のメタファーである EVENTS ARE ACTIONS が機能し，出来事である「死」を，あたかも「行為」として捉えることができるようになる．「死」が，人を新たな世界へ連れていくとみなせば，「死」の役割は旅立ちの御者に類似すると言え，「御者」による「死」の擬人化が成り立つ．このように，「死」の擬人化を直接動機づけているのは，DEATH IS DEPARTURE のように具体的で基本レベルのメタファーであるものの，EVENTS ARE ACTIONS という上位レベルのメタファーが働くことにより，日常的には行われにくい詩的な比喩表現が生み出されるのである．

以上見てきたように，メタファーは多層的構造をなすが，それぞれのレ

ベルに応じた役割があり，私たちは適宜，目的に応じたレベルで柔軟にメタファーを活性化させることができると言えるだろう．なお，こうした基本的レベル・上位レベルのメタファーの階層性に見られる関係は，Goldberg (1995) で述べられている構文と動詞の意味の関係に類似したところがある．構文の意味は，いわば抽象的な上位レベルの意味であるが，その意味は，おそらく個々の基本的動詞の持つ意味から抽象化されて習得されると考えられる．しかし，構文の意味がいったん習得されれば，新しい動詞を使用した拡張的用法でも用いられるようになる．これと同様のことがメタファーにもあてはまり，個々の具体的なメタファーも，それらから抽象化された上位のメタファーも，それぞれに機能を果たしているのである．

3.5 メタファー研究と言語理論

3.5.1 文法化，歴史的意味変化

文法化 (grammaticalization) とは，具体的意味を持つ「内容語」(content word) が，時制標識・前置詞・接続詞などの「機能語」(function word) としての働きを獲得する，歴史的な意味変化を指す．この現象については，Traugott (1988) が意味論的・語用論的観点から分析を行っており，文法化の主だった要因として，メタファー的プロセス，メトニミー的プロセスをあげている．Traugott は，以下のように述べている．

(39) 近年，メタファー的プロセスは，意味変化の主要な——実際，唯一の主要な——要因であると考えられている．伝統的にメタファー化は，主に語彙的変化において認識されてきたが，近年では，文法化にともなう意味変化もまた，メタファー的プロセスに大きく動機づけられていることが，多くの議論で主張されている．　　　　　　　　　　　　　　　　　（Traugott 1988, 407）

この引用からも明らかなように，メタファーが語彙的な意味変化(たとえば，foot が「山のふもと」を表すなど)の要因であることは認められていたものの，文法化に対してメタファーが適用されるようになったのは，比

較的後年になってからである.

　特に注目に値いするのは, メタファー写像によって文法化のある側面を説明した, Sweetser (1988, 1990) である. すでに 3.2.4 節で見たように, 移動動詞 go が未来標識としての用法を獲得する過程がメタファー写像から分析可能であることを, Sweetser は提示している. ここではさらに, 英語の法助動詞が, 根源的用法 (root modality) から認識的用法 (epistemic modality) に拡張した経緯について, may を例に Sweetser の分析を見ていきたい.

　英語の法助動詞は, 以下のように, 許可や義務性に関わる根源的用法と, 推論・推測に関わる認識的用法を持つものが多い.

　(40)　a.　John may go. （ジョンは行ってもよい.）［根源的］
　　　　b.　John may be there. （ジョンはそこにいるかもしれない.）
　　　　　　［認識的］

歴史的に見て認識的用法は, 根源的用法よりも後の段階で発達しており, したがって, 根源的用法からの拡張であると考えられる. Sweetser (1990) はそのほかの根拠として, 子どもの習得過程においても根源的用法のほうが習得が早いことや, クレオールでも最初に発達しているのは根源的表現であることをあげている.

　Sweetser は, 英語の法助動詞の意味が動力学 (force-dynamics) に関わるとする Talmy (1985) の見方に沿い, 法助動詞 may の根源的用法が, 物理的・社会的な力 (force) とバリア (barrier) から特徴づけられるとした.

　may の根源的用法 (許可: ～してもよい) は, 「社会物理的領域」(socio-physical domain) において, ある「潜在的バリアが取り除かれている」という動力学のイメージ・スキーマから捉えられる. その根拠として, Sweetser は, 根源的用法の may が (41b) のように言い換えられることをあげている.

　(41)　a.　John may go.

b. John is not barred by (my or some other) authority from going.（ジョンは，私の権威，あるいはほかの誰かの権威によって，行くことを妨げられていない．）

(Sweetser 1990, 61)

(41) の主語 John は「潜在的バリア」の前に位置しており，そのバリアがあるかぎり，助動詞 may に後続する動詞が表す行為を遂行することはできない．しかし，バリアが取り除かれることで，その行為を行うことができる状態になる．これをイメージ・スキーマで表すと，以下のようになる．

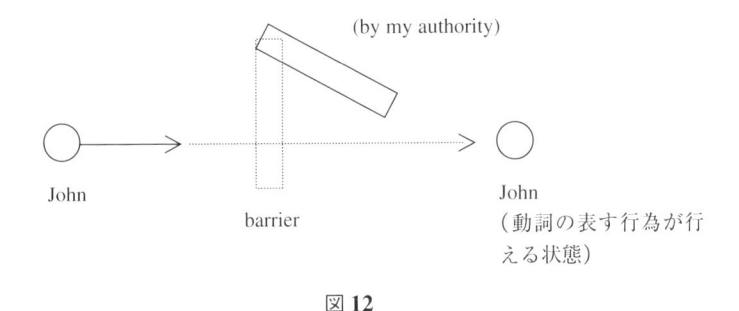

(by my authority)

John　　　　　　　　　　　　　　　　　　John
　　　　　　　　　barrier　　　　　　　　（動詞の表す行為が行
　　　　　　　　　　　　　　　　　　　　　える状態）

図 12

Sweetser は，こうした根源的用法のイメージ・スキーマが「推論」(inference) の領域に写像されたものが，認識的用法であると分析している．たとえば (41) に並行して，認識的用法の may は以下のように言い換えられる．

(42) a. John may be there.（ジョンはそこにいるかもしれない．）
　　　b. I am not barred by my premises from the conclusion that John is there.（いかなる前提によっても，私はジョンがそこにいるという結論から妨げられていない．＝その結論に導く推論を行うことができる） (Sweetser 1990, 61)

この言い換えからもわかるように，認識的用法の may の場合は，「ジョン

がそこにいる」という結論へと至る推論過程に潜在的なバリアがあるものの，それが話者の持つ前提的証拠（たとえば，ジョンの家に電話をしたが不在だった，など）によって取り除かれ，結論へ至る道が開かれていることを表している．認識的用法にも，根源的用法に見られた「潜在的バリアを取り除く」というイメージ・スキーマが保持されているのである．

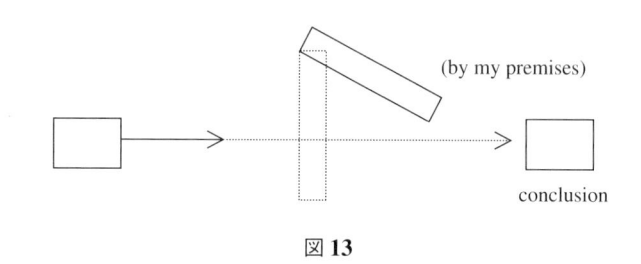

図 13

　根源的・認識的用法が，動力学のイメージ・スキーマを共有するとみなす分析の利点の1つに，根源的用法の義務性と，認識的用法の推測の「強度」の相関関係を，うまく説明できる点があげられる．法助動詞 may の根源的用法は，その主語がある行為を行うことが「妨げられていない」状況を表しているため，必ずしもその行為を行う義務はなく，行わないという選択肢も残されている．また，認識的用法の may も，ある結論に達する推論過程が「妨げられていない」状態を表しているため，別の証拠があがった場合には別の結論に達する可能性も残されている．このように，may が表す義務性も推論もともに，かなり弱いものになるのは，両者に共通するイメージ・スキーマの特性から十分に理解することができる．

　同じことは，法助動詞 must に対しても言える．この場合は，強制（compulsion）という動力学のイメージ・スキーマを共有しているため，根源的用法の義務性も，認識的用法の推論も，非常に強いものとなる．

(43)　a.　You must come home by ten.
　　　b.　The direct force (of Mom's authority) compels you to come home by ten. ((母の権威の持つ)直接的な力によって，10時までに帰宅するよう強制される.)

(44) a. You must have been home last night.
   b. The available (direct) evidence compels me to the conclusion that you were home. （利用可能な(直接的)証拠によって，あなたが家にいたという結論へと強制的に至る．）

(Sweetser 1990, 61)

　以上のように，文法化を含めた歴史的意味変化の過程に対しても，メタファー写像が有効な説明手段となることがわかる．また，こうした研究は，多義性のような共時的な場合も，文法化のような通時的な場合も，その意味拡張のプロセスに共通性があることをも示している．

3.5.2　構文の意味拡張とメタファー

　これまで見てきたように，メタファーは語彙の意味拡張の主要因であるが，構文の意味に対しても同様に機能することが，1980年代末頃から発展した構文文法 (construction grammar: Fillmore, Kay and O'Connor 1988; Goldberg 1995) の研究によって明らかにされている．

　構文文法の見方について，簡潔に述べておこう．従来の生成文法では「語彙」(lexicon) と「文法」(grammar) は分離した部門であり，後者は統語的規則によって支配されるのに対し，語彙は規則性の働かない特異な要素の集合であるとみなされてきた．しかし構文文法(および認知文法)は，語彙も文法もともに，特定の形式と意味とが結びついた記号的なデータ構造であるとし，その2つの部門に厳密な区別を想定しない．こうした見方から，構文にも特定の意味があるということ，さらに，構文の意味も語彙的意味と同様の振る舞いを示すということが示されたのである．

　構文間にメタファーによる拡張関係が想定されるのは，その構文の形式的特性は基本的に保持され，構文の意味がメタファーにより変化しているとみなされる場合である．このメタファー的拡張の例として，移動使役構文 (caused-motion construction) と，結果構文 (resultative construction) を見てみたい．

　最初に，移動使役構文とは(45)に例示される表現で，いずれも，直接目的語の指示物の空間的移動を引き起こす，(X CAUSES Y TO MOVE Z) と

いう意味を持つ構文である．(45) に用いられている動詞 (break, squeeze) は，それぞれ単独では「移動」の意味を持たないものである点に注意されたい．つまり，(45) の表現の移動の意味は，動詞ではなく「構文の意味」(constructional meaning) からもたらされているのである．

(45)　移動使役構文
　　　[Subj V Obj Obl]　'X CAUSES Y TO MOVE Z'
　　　a.　Sam broke the eggs into the bawl.
　　　b.　John squeezed the ball through the crack.

Goldberg は，この移動使役構文から STATES ARE LOCATIONS, CHANGES ARE MOVEMENTS の空間化メタファーによって拡張されたのが，(46) の結果構文であると述べている．結果構文とは，直接目的語によって表されたものの状態変化を引き起こす，という意味を持つ構文である．

(46)　結果構文
　　　[Subj V Obj Obl]　'X CAUSES Y TO MOVE Z'
　　　a.　John painted the house red.
　　　b.　Sam hammered the metal flat.
　　　c.　Pat wiped the table clean.

移動使役構文と結果構文は，ともに「主語＋動詞＋目的語＋二次述語」という形式をとる．また，(47), (48) のように，ともに「擬似目的語」——つまり，本来は動詞の直接目的語ではない要素を許容する点でも，類似している．

(47)　a.　Everyone laughed him off the stage.
　　　b.　Sam sneezed the napkin off the table.
(48)　a.　John ate himself sick.
　　　b.　The dog barked the baby awake.

こうした形式的な平行性から，2 つの構文に区別を設けず，同一の構文とみなすこともできるだろうが，そうすると，以下のような事実が説明でき

なくなることを Goldberg (1995) は指摘している．まず，結果構文は，移動の方向性を表す前置詞句とは，順序を問わず共起できない．

(49) a. *Sam kicked Bill black and blue out of the room.
b. *Sam kicked Bill out of the room black and blue.
(Goldberg 1995, 81)

また，結果構文は，文字どおり空間移動を表す動詞とは共起できない．

(50) a. *She ascended sick. （意図する意味: 高い所へ上ったことで彼女は気分が悪くなった．）
b. *Jill took the child ill. （意図する意味: ジルが外へ連れていったことで子どもたちが病気になった．） (*ibid.*, 82)

これらの事実は，空間的移動を表す移動使役構文と，状態変化を表す結果構文を，その形式的特性から同一構文として扱おうとするかぎり，説明できないだろう．代わって，移動使役構文と結果構文をそれぞれ独立した文法構文とし，さらに，後者が前者から STATES ARE LOCATIONS のメタファーによって拡張されたものとみなせば，なぜ結果句が空間移動と共起し得ないかが明らかになる．なお，Goldberg (1995) は，これを「単一経路制約」(Unique Path Constraint) と呼び，1つの文で表されるのは，空間的な経路かメタファー的な経路の，いずれか1つであると規定している．

このように，移動使役構文と結果構文は，文法構文の存在の動機づけにメタファーが関与していることを示す一例である．

3.5.3 イメージ・スキーマと抽象化

Rudzka-Ostyn (1995) は，メタファー写像において，起点領域のイメージ・スキーマが目標領域へと投射されるとする，不変性原理の前身の「不変性仮説」(Lakoff 1990) の検討を行った．その中で，メタファー写像以前に，スキーマを抽出する抽象化 (abstraction) の作用が関与する可能性があることを指摘し，以下のように想定している．

(51) さしあたり，こう言うこともできるだろう．メタファー写像によって保持されるものは，主に，起点領域と目標領域の双方に適用可能なスキーマで表される類似性の知覚である，と．

(Rudzka-Ostyn 1995, 240)

Rudzka-Ostyn (1995) は，(51) の想定を，動詞 answer の多義性に見られる意味拡張によって例証しているが，その中で，「言語・コミュニケーション」の領域に属する意味，特に (b) の用法をプロトタイプ，そのほかのより抽象的領域に関わる用法を，プロトタイプからの拡張とみなしている．

〈「言語・コミュニケーション」の領域〉
  (a) 批判にことばで対応する:
    How could you answer the criticism that your government has increased the level of taxation? （政府が課税水準を引き上げたという非難に，どのように答えますか．）
  (b) 先行発話者の期待を満たすために，質問にことばで対応する:
    I'm willing to answer any questions you like to put. （あなたが尋ねたい質問には，すべて答えたいと思います．）
  (c) 他者の発話にことばで対応する:
    "Good bye, Tony. God bless you." Tony doesn't answer. （「さようなら，トニー．元気でね．」トニーは答えなかった．）

〈「応答」の領域〉
  (d) 先行行為 Y への対応として，X を行う:
    Jesus told us how to answer a blow on the cheek but never told us how to answer a kiss. （イエスは頬への一撃に答える方法を教えてくださったが，キスへの答え方は教えてくださらなかった．）
  (e) 先行行為が何かの合図である場合:
    Sam answered her look with a grin. （サムは，彼女の表情ににやりと笑って答えた．）
  (f) 電話を取る，ドアを開ける:

The telephone rings. Ben answers it. （電話が鳴る．ベンがそれに答える．）

〈「対応」の領域〉
(g) X が Y に対応する:
A man answering his description has been seen in the Bedford area. （彼の描写に対応している人が，ベッドフォード地区で目撃されている．）

〈「満足・充足」の領域〉
(h) 期待されていること，求められていることを行う:
These discussion groups are obviously answering a need. （これらの討論グループは，明らかに必要性に応じている．）
The government just didn't answer our hopes. （政府は我々の希望にまったく答えていない．）

このような意味拡張に基づき，Rudzka-Ostyn は Lakoff の「不変性仮説」の問題点を指摘している．それは，目標領域の側に，起点領域と対応するイメージ・スキーマ構造が欠如している可能性がある，ということである(この問題提起については Brugman (1990) を参照のこと)．たとえば「満足・充足」の領域には，さまざまな行為が含まれている．(h) にある最初の例は，討論に関わる行為によって相手の期待を充足し，2番目の例は，政府の政策実行などが充足行為に相当すると思われる．そうなると，「満足・充足」の領域にある answer の用法が持つスキーマは，かなり抽象的で曖昧な構造にならざるを得ない．したがって，「満足・充足」の領域において単独にイメージ・スキーマ構造があるというよりは，起点領域である「言語・コミュニケーション」と目標領域である「満足・充足」の，両方に共通したイメージ・スキーマを抽出しているのだ，と Rudzka-Ostyn は指摘している．

Rudzka-Ostyn の分析は，「領域」の設定が妥当かどうかという問題点があるものの，メタファー写像が「スキーマの抽出」という抽象化の作用を

前提としているという指摘は，的確であろう．抽象化を行えなければ，私たちはさまざまな経験の中からイメージ・スキーマを得ることもできないからである．また，Brugman や Rudzka-Ostyn が懸念するように，メタファー写像による対応づけ以前に，あらかじめ目標領域で同じイメージ・スキーマを認識していなくてはならないという，図 14 のような見方は，Lakoff らが否定する客観主義的メタファー論——すなわち，"A is B" のメタファーが成立する場合，A と B の両方に共通する客観的類似性が存在する，という見方に結びつく可能性もあり，否定されるべきであろう．

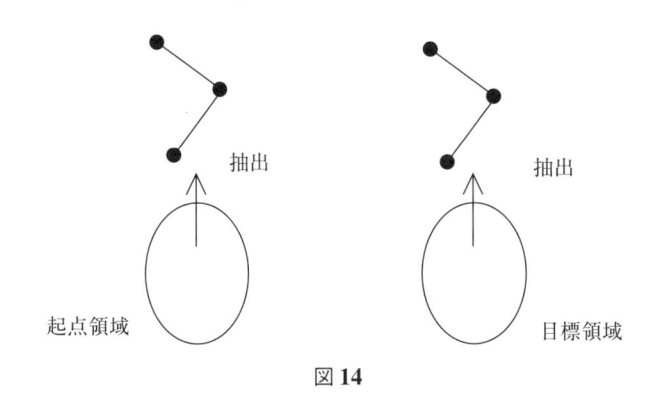

図 14

　目標領域に単独のイメージ・スキーマが存在しないことは，第 2 章の 2.2.3 節で見た，「恋愛」に関係する多くの概念メタファーからも明らかである．恋愛とは，多くの側面からなる複合的で抽象的な概念である．しかし私たちは，「恋愛」という概念全体に共通するようなイメージ・スキーマを持っているだろうか．また，そうしたイメージ・スキーマがなければ「恋愛」に関する概念メタファーが得られないだろうか．私たちが LOVE IS A JOURNEY というメタファーによって恋愛を概念化するのは，恋愛が「旅」のイメージ・スキーマ(起点—経路—終点)に対応するような状況においてであり，他方で，恋愛が「戦争」に対応すると思われる場合には，「旅」のイメージ・スキーマは活性化されない．このように，「恋愛」にはそれ独自の定まったスキーマがあるわけではなく，どの起点領域が喚起さ

れるかによって変化する．こうした事例からも，図 14 のようにして，目標領域単独のスキーマをメタファー写像以前に得ているわけではないことがわかる．

　また，抽象化がメタファーの前提であるという Rudzka-Ostyn の研究は，さらに重要な点を示唆している．Lakoff らの主張は，メタファーが経験を基盤としていることにあり，経験の力の大きさは，これまでの議論の中でも十分明らかにされてきたが，そもそも，抽象化を行うという基本的認知能力が備わっていなければ，メタファーの形成は不可能だろう．Langacker (1993) は，たとえば「起点―経路―終点」といったイメージ・スキーマが，連続走査 (sequential scanning) を行う認知能力があってはじめて得ることができるとし，これを「イメージ・スキーマに関わる基本的認知能力」(image-schematic ability) と呼んでいる．したがってメタファーは，抽象化の能力という（おそらく）先天的な認知的側面と，経験という後天的側面の，相互作用による産物であるということになるだろう．なお，スキーマの抽象化に関連した議論として，3.6.2 節で述べる Taub (2001) の ALS（アメリカ手話言語）研究，第 7 章で述べる類推に関する Gentner (1983)，鈴木 (1996) を参照のこと．

3.5.4　概念混合とメタファー

　メンタルスペース（mental space）理論の提唱者である Fauconnier および Turner は，概念混合 (conceptual blending)，あるいは概念統合 (conceptual integration) という認知的作用を提案し，それによりさまざまな言語事象を説明しようとしている (cf. Fauconnier 1997; Fauconnier and Turner 1998, etc.)．

　概念混合とは，メンタルスペース間の写像パターンの 1 つであり，それによって思考の創造的側面を捉えることが意図されている．融合の原則は以下のとおりである (Fauconnier 1997, 149–150)．

(52)　a.　スペース間の写像
　　　　　入力スペースである I_1, I_2 の間に，部分的な写像関係がある．

b. 共通スペース（generic space）
2つの入力スペースに共通する(抽象的)構造を持ち，入力スペース間の写像を定義する．
c. 混合（blend）
2つの入力スペースが，混合スペース（blended space）に部分的に投射される．
d. 発現構造（emergent structure）
混合されたスペースに，特定の方法によって，入力スペースにはない独自の構造が発現する．
［発現構造は，(i) 合成（composition），(ii) 完成（completion），(iii) 精緻化（elaboration）という方法によって生ずる．］

本書では，概念混合の理論とメタファーの関わりに焦点をあてていく．

上の定義にある，「スペース間の写像」や「共通スペース」といった操作や構造が，これまで述べてきたメタファー写像に通ずる性格を持つことはわかるであろう．2つの入力スペースは，それぞれ起点領域と目標領域に相当し，抽象的レベルでそれらの共通性を捉える共通スペースは，イメージ・スキーマにほぼ対応する．メタファー表現の表す意味は，混合スペースに生じることになる．しかし，メタファー写像と異なるのは，「起点領域」，「目標領域」というように，入力スペースの基本性に関して区別を行わないことである．

Fauconnier らは，Lakoff and Johnson らが述べてきた思考・概念体系の基礎となる概念メタファーに見られる写像とは異なるタイプ，すなわち概念混合によって生ずるメタファーがあると述べている（Fauconnier and Turner 1998, 279）．その根拠として，起点領域での推論が投射されず，目標領域に由来する推論を持つ (53) の表現をあげている．

(53) to dig one's own grave（墓穴を掘る＝致命的な失敗をする）

この表現では，「墓」にまつわる行為が起点領域となり，ある「失敗につながる行為」が目標領域となる．自分が無意識的に行っている行為が愚か

なものであり，みずからの生存を脅かすものであるという点で，起点領域と目標領域間で対応関係が見られる．しかし Fauconnier は，目標領域の「ある行為をすることが致命的失敗を引き起こす」という因果関係が，起点領域に由来しないものであると指摘している．というのも，「墓の穴を掘る」という行為そのものは，「死」を引き起こすことはないためである．そこで Fauconnier は，(53)のメタファー表現の意味が，起点領域・目標領域の双方から継承された混合スペースで，独自に作り上げられた発現構造であると分析している．

一方で，"to dig one's own grave" の因果関係の解釈について，別の見方をすることもできる．「墓を掘る」という行為は「死」を引き起こしはしないものの，その2つの出来事の時間的順序は，起点領域と目標領域とで保たれている．つまり私たちは，死んでからでは，みずからの墓の穴を掘ることはできないのである．「みずからの墓を掘る」ということは，すなわち，(無意識であっても)「みずから死の準備をする」ことである．比喩的用法での "to dig one's own grave" も，ある愚かな行為によって，地位や財産の損失など，みずからの失墜を「準備」していることになる．こうした時間的順序に対応関係があることで，"to dig one's own grave" という比喩的用法が動機づけられていると考えられる．また，メタファー写像は，起点領域と目標領域の「すべての」要素に対応関係を要求するわけではないので，目標領域にしか見られない構造があることも否定はしない．さらに，目標領域にしか存在しないとみなされた "to dig one's own grave" の因果関係は，起点領域と対応づけられる時間的順序の含意(時間的に先に起こったものが「原因」となり，後に起こったものが「結果」となる)が強められた結果，生じたとみなすこともできる．このように考えれば，目標領域の因果関係が，大幅に起点領域から逸脱した関係であるとは言えないだろう．

概念混合の理論的側面に関しては，先にも述べたように，起点領域・目標領域の役割区別が入力スペースに実質上割り当てられないことが，1つの論点になるだろう．概念混合は少なくとも，身体性から見て，より基本的なものが起点領域となる(そしてその逆は起こらない)という点には，関

与していない．起点・目標領域の区別を，標識づけによって行うという方法もあるが（Veale and O'Donoghue 2000），メタファーを扱う場合にのみそのような方法をとるのか，写像全般に反映させるのかも考えなくてはならない．

　また，概念混合は「メタファー写像とは異なる，もう1つの写像のタイプ」であり，Lakoff and Johnson らの概念メタファーを標的とはしていない．その点で，Lakoff らとは問題対象が異なると言えるかもしれない．Fauconnier らによる研究目的は，言語の創造的側面，あるいは人間の想像 (imagination) を理論的にどう把握できるかという点にあり，その試みは非常に興味深いが，その性質上，メタファーについても，いわゆる比喩的・修辞的表現が考察対象とされているようである．同じシステムによって概念メタファーを扱うとしても，混合スペースの役割は，創造的比喩表現の場合とはかなり異なると思われる．たとえば HAPPY IS UP の場合，起点領域である HAPPY と目標領域である UP が混合した領域が，はたして存在するのか，するとすれば，どの程度貢献しているのかが問題となる．

　実際，Fauconnier らが議論しているメタファーの事例も，まだ限られているため，概念混合によって生み出されているメタファーの存在については，実証の余地が残されていると言える．

3.6. 関連領域でのメタファー写像理論の適用

3.6.1　文学作品研究

　メタファー自体は，以前から文学作品の研究に不可欠な要素であったが，概念メタファーに基づく研究も進められている．その出発点とも言えるのが Lakoff and Turner (1989) であり，詩的メタファーと概念メタファーとの連続性が指摘されている (⇒ 3.3.5, 3.4)．その後も文学研究の領域で，概念メタファーの観点を取り込んだ分析が行われ，*Journal of Pragmatics* 第 24 巻 (1995) が，このトピックでの特集号となっている．以下では，その応用例をいくつか取り上げて見ていく．

概念メタファーと *Macbeth*

ここでは，D. Freeman（1995）が CONTAINER（容器）や PATH（経路）のイメージ・スキーマから，Shakespeare の *Macbeth* の構成を分析した例について見ておきたい．

たとえば，CONTAINER のイメージ・スキーマは，(54) から (57) の例に反映されている．これらの例ではいずれも，人間の身体を容器とみなし，それを満たすものを内容物とみなしている．人の身体を満たすものは，(54) の例にあるように実際には「血」であるが，その一方で「人の身体は容器，感情や気質は内容物」という，非常に一般的な概念メタファーがある(⇒ 6.4)．したがって (54) でも，血がその象徴として用いられていると考えられる．また，気質が内容物(特に液体)であるというメタファーは，(55) の "full o' th' milk of human kindness"（人のやさしさというミルクで満ちている）や，(56) の "pour my spirits in thine ear"（あなたの耳に私の精気を注ぐ），(57) の "fill me ... of direst cruelty"（最も残忍な残酷さで私を満たしておくれ）といった箇所で明白である．（以下の訳はいずれも木下順二による．）

(54) ［Macbeth］
But get thee back!　My soul is too much charged
With blood of thine already.
（立ち去ってくれ．おれの魂は貴様一族の血を浴び過ぎておる．）
(V. viii. 5–6; D. Freeman (1995, 695) より)

(55) ［Lady Macbeth］
Yet I do fear thy nature.
It is too full o' th' milk of human kindness
To catch the nearest way.
（けれども心配なのはあなたの気性．人情という甘い乳が多過ぎて，近道を選ぶ勇気の持てないあなたはお人．）
(I. v. 14–16; *ibid.* (694) より)

(56) ［Lady Macbeth］
Hie thee hither,

> That I may pour my spirits in thine ear
> And chastise with the valor of my tongue
> All that impedes thee from the golden round . . .
> （早くお帰りなさい，わたしの精気をあなたの耳につぎこんであげる，そしてこの強い舌で，黄金の冠に近づけまいとする奴らを叩き伏せてやる．） (I. v. 23–26; *ibid*. より)

(57)　[Lady Macbeth]
> 　　　　　　　　Come you spirits
> That tend on mortal thoughts, unsex me here,
> And fill me from the crown to the toe top-full
> Of direst cruelty. Make thick my blood;
> （さあ，血みどろのたくらみに手を貸す悪霊たち，このわたしをいま女でなくしておくれ．髪の毛から爪先まで，どす黒い残忍さでふくれあがらせておくれ．血をこごらせて．）
> 　　　　　　　　　　(I. v. 38–41; *ibid*. より)

　さらに D. Freeman は，*Macbeth* の舞台となっている城やスコットランドを「容器」，その中で起きる王の暗殺を「内容物」とみなしているとの見解を示し，*Macbeth* の中で多重的に CONTAINER のイメージ・スキーマが用いられていると考える．
　また，PATH のイメージ・スキーマは，次のような概念メタファーとともに現れる．

(58)　LIFE IS A JOURNEY, A LIFETIME IS A YEAR（人生は旅であり，人生の期間は1年である）

[Macbeth]
> 　　　　　　　　My way of life
> Is fallen into the sear, the yellow leaf,
> And that which should accompany old age,
> As honor, love, obedience, troops of friends,
> I must not look to have . . .
> （思えば長い人生だった．おれの行手には，もう黄色い枯葉が散

り敷き始めている．だのにこの老年には似つかわしいことが，
例えば名誉，愛情，尊敬，友人たちの群れ，何一つ期待できず
．．．）　　　　　　　　　　　　（V. iii. 22–26; *ibid.* (701) より）
(59)　CAREER IS A PATH（キャリアは経路である）
　　　［Macbeth］
　　　If it were done when 'tis done, then' twere well
　　　It were done quickly. If th'assassination
　　　Could trammel up the consequence, and catch
　　　With his surcease success, that but this blow
　　　Might be the be-all and the end-all — ; here,
　　　But here, upon this bank and shoal of time,
　　　We'd jump the life to come.
　　　（やったなら，やってしまえばおしまいになるのなら早くやって
　　　しまうことだ．この暗殺で総てが締め括れて，彼の息の根を止め
　　　てしまえばそれでよしというのなら．ただこの一撃がこの世で
　　　の──永遠の時の流れの中の小さな浅瀬に過ぎんこの世での総て
　　　であってそれで総てが済むのなら，来世がどうなろうと構うもの
　　　か．）　　　　　　　　　　　（I. vii. 1–7; *ibid.* (703) より）

　特に最後の CAREER IS A PATH は，*Macbeth* にとって重要な概念メタ
ファーである．(59) の引用の最後の行 "jump the life to come"（来たる
べき人生を飛び越える）に見られるように（ただし翻訳では訳出されていな
いが），マクベスは王を暗殺することによって，みずから進むべきキャリ
アを飛び越えようとしている．そのため "jump" や "leap" というモチー
フが *Macbeth* に繰り返し起きていることが，D. Freeman では観察され
ている．
　以上のように，CONTAINER という 3 次元的イメージ・スキーマと，
PATH および移動という時間経過をともなうイメージ・スキーマから構成
されることで，*Macbeth* には 4 次元的空間が与えられている，と D. Free-
man は述べている．このように，イメージ・スキーマとそれが関与する概
念メタファーの観点からプロットの分析を行ったり，あるいは M. Free-

man (1995) が Emily Dickinson の詩を分析した研究が示すように，概念メタファーから作者の世界観が明らかになるなど，概念メタファーによって作品研究の新側面が拓かれる可能性があると言えよう．

寓話: 物語の投射

　Turner (1996) は，その著書名 *The Literary Mind* が示すように，私たちの日常的な心の働きと文学のつながりを述べたものである．文学が必ずしも特別なジャンルではないということ，さらに「物語の投射」(projection of stories) という作用が，文学においても日常的経験においても，出来事を理解するための有効な道具立てであることを，Turner はさまざまな事例から示している．ここで言う「投射」とは，メタファー的な写像と同義で，起点領域と目標領域を対応づける作用のことを指している．

　この投射作用がどのように行われるか，Turner は *Arabian Nights* を例に説明している．物語の冒頭，翌朝になると妃を殺してしまう王に，シエラザードはみずから嫁いで王を改心させようとした．そこで父である大臣は，彼女を諭すために「ロバと牛の寓話 (parable)」を聞かせた．彼は，父親としては娘を危険な目にあわせたくはないが，大臣という立場上，毎日新しい妃を探さねばならず，シエラザードの申し出をあからさまに拒否できなかったため，寓話を聞かせることで自分の真意を伝えようとしたのだ．その寓話とは，「賢いロバが，雄牛の労働を軽くしてやろうと智恵を吹き込んだが，雄牛の代わりに自分が働かされるという予期せぬ結果を招いた」という筋書きだった．

　シエラザードおよび *Arabian Nights* の読者は，この状況下で寓話の意図することが，容易に理解できるであろう．賢いロバにシエラザードを対応させ，彼女の身にこれから起こるであろう結末——つまり彼女自身が最後には犠牲となる——を予測するのである．このように，シエラザードや私たちがこの寓話を引用した父親の意図を理解できるのは，その寓話を，シエラザードの現在および未来に対応させている，つまり「投射」しているからである．

　Turner は，寓話が「物語の投射」であるとし，それがけっして特別な

文学的形態ではなく，寓話に用いられているのと同じ作用である投射が，日常的経験では，イメージ・スキーマを通じてメタファー的に行われていることを例証している．たとえば私たちは，風が吹いたら木が揺れたり葉が落ちたりするということを予測できるが，それは「自分が力を加えることによって物体の位置が変化する」というイメージ・スキーマを，「行為」(action) や「物体の操作」(object manipulation) という日常的・基本的経験から得ており，それを無生物である風や木や葉に対応させ，投射することによって理解するからである．また，私たちが結果だけを見て原因をある程度推測できるのも，その因果関係についてのイメージ・スキーマを投射させることによる，と Turner は述べている (そのために私たちは，天井から突然水滴が落ちてきても，不可解に思うことなく，「配管から水が漏れてきた」か「屋根が雨漏りしている」という原因を推測することができるのである).

また，以下のようなことわざの解釈も，投射によるものである．

(60) When the cat's away, the mice will play. （ネコがいない間にネズミが遊ぶ．＝鬼のいぬ間に洗濯）

私たちは (60) が，単にネコとネズミを描写したものとは解釈せず，それをさらに，私たちの身近な経験に投射して理解する．たとえば，学校ならばネコが先生でネズミが生徒，会社ならばネコが上司でネズミが部下，というように，より一般的な状況に対応させて柔軟に解釈することができる．この場合，対応させているのは，ネコ，ネズミという要素同士だけではなく，要素間の関係——つまり，ネコがネズミにとって支配的で警戒すべき存在である——も同時に写像されていることになる．

ことわざについては，第 7 章で見る鈴木 (1996) にも陳述が見られる．それによると，たとえば友人が忠告になかなか耳を傾けてくれない時に，「馬の耳に念仏」ということわざが自然に発せられるのは，そうしたレベルでの事象の抽象化が，私たちの記憶構造に存在しているためである．同じ状況で，さらに抽象的に「無理解」，「頑固」と言ってしまうと与えられない有益な情報を，「馬の耳に念仏」ということわざは与えることができ

る，と鈴木は述べている．この場合も，「馬の耳に念仏」が表す概略的状況や，それについての推論——馬の耳に念仏を唱えても効果がない，無駄に終わる，など——を写像することで，このことわざを発した意図が解釈されるのである．

このように，ある領域に存在する要素や要素間の関係を別の領域に対応する投射は，私たちの日常生活において欠かせないものであり，文学的な寓話に通じるものであることがわかる．Turner の研究はさらに，写像において投射される要素間の関係が，動力学的なイメージ・スキーマから，「ことわざ」，さらには「物語」のようなスクリプト的なものまであることや，私たちがさまざまなレベルで抽象化を行って知識の一部としていることを示唆している．写像の対象となるものの性質については，第7章で述べる類推研究などを通じて，これからいっそうの明確化が期待される．

3.6.2. ASL と概念メタファー

Taub（2001）は，アメリカ手話言語（American Sign Language: ASL）におけるサイン創造のメカニズムを，概念メタファーの観点から分析している．Taub は，伝達内容との類像性（iconicity）——つまり，記号形式とその内容との類似性——によって，手話のサインも動機づけられており，以下のような段階からなる「相似物形成プロセス」（analogue-building process）を経て，サインが形成されると想定している．

(61)　a.　イメージ選択（image selection）
　　　b.　スキーマ化（schematization）
　　　c.　記号化（encoding）

Taub は TREE の手話の形成を例にして，この過程を説明している．まず (61a) のイメージ選択では，プロトタイプ的な木のイメージを選び出し(①)，(61b) のスキーマ化では，(61a) で選択した木のイメージを捨象し，木が持つ重要な特徴を抽象化し(②)，(61c) の記号化により，それを言語的な形式(この場合は手話言語)を類像的に対応させる(③)．こうした一連の過程を示したのが，図15 である（Taub 2001, 44）．

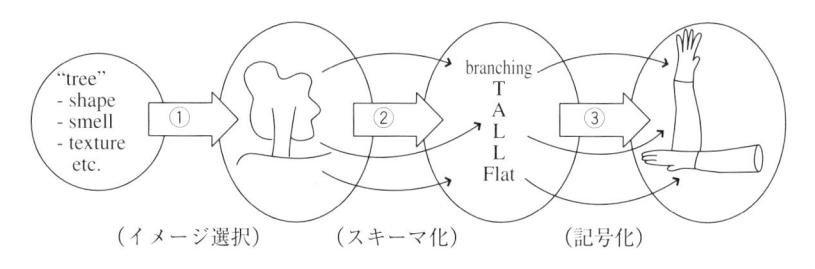

第 3 章　メタファー写像とイメージ・スキーマ　99

```
"tree"                    branching
- shape        ①            T         ②              ③
- smell                     A
- texture                   L
etc.                        L
                            Flat
```
（イメージ選択）　（スキーマ化）　（記号化）

図 15

　Taub はさらに，記号対象が抽象的概念の場合は，概念メタファーによる写像が類像的な相似物形成プロセスに加わり，結果として二重の写像（double mapping）が起こると提案している．自分の考えを相手に伝えるという THINK-PENETRATE という動詞に対応する手話の場合，以下のように，発信者のサインとその指示対象の間に類像的写像（iconic mapping）があり，その指示対象をメタファー的に対応させるメタファー写像（metaphorical mapping）がある（Taub 2001, 103, Table 6.6）．

	類像的写像	メタファー写像
発信者のサイン	起点領域	目標領域
人差し指 →	物体	考え
額	頭	心
人差し指 → 額にさわる	頭にある物体	手話使用者の考え
人差し指 → 聞き手の位置へ移動	物体を誰かに移送	考えを誰かに伝達
非優勢な B のサイン	物体の障壁（barrier）	意志伝達の困難さ
人差し指 → B の指の間へ入れる	障壁の通過	困難を乗り越えた意志伝達の成功
手話使用者の位置	移送者	考えの発生者
聞き手の位置	受容者	考えを知るよう意図された人

　このメタファー写像を動機づけているのは，COMMUNICATION IS SENDING（意志伝達は移送である）という「導管メタファー」（⇒ 2.1）である．Taub は，この概念メタファーに基づく事例をほかにもあげ，そ

れが手話のサインにいかに反映されているかを検証している.

Taub はほかにも，Lakoff and Johnson (1980) が提案した「方向性のメタファー」の手話への関わりも観察しているが，興味深いことに, HAPPY IS UP や MORE IS UP, GOOD IS UP などの概念メタファーも，手話での垂直方向の動きに対応している.

Taub による研究は，手話において概念メタファーがどのように反映されているかを示したものにとどまらない．彼女の研究は，概念メタファーの心理的実在性を実証しているほか，言語という記号体系と概念との，有契的なつながりを示唆しているのである．Taub による手話研究は，この点において少なからぬ貢献を行っており，また，今後の言語研究に希求される方向性を示していると思われる.

3.7　Lakoff and Johnson への批判とその検討

ここまでは，Lakoff and Johnson による概念メタファーとメタファー写像の考えを概説し，その有効性を示してきたが，心理学におけるメタファー研究の流れの中には，彼らの提唱する概念メタファーに批判的な見方もある．実際, Lakoff and Johnson は，具体的に概念メタファーをどのようにモデル化するのかにまでは踏み込んでいないため，心理学でさまざまな解釈を生んでいるようである．この節では，Lakoff and Johnson のメタファー理論の，どのような点が問題となり得るのかを，いくつか見ていきたい.

3.7.1　概念のメタファー表示: 目標領域は完全に起点領域に依存しているか

Murphy (1996, 1997) は, Lakoff and Johnson (1980) の概念メタファーが，抽象概念をメタファーによって表示する「概念のメタファー表示」(metaphoric representation) というモデルに相当すると考え，それにはさらに，強い解釈と弱い解釈ができると述べている.

強いメタファー表示モデルでは，メタファーの媒体となる概念だけで，主題となる概念を表示することになる．たとえば LOVE IS A JOURNEY

の場合,「恋愛」の概念は完全に「旅」の概念のメタファーとして表示され,「恋愛」の概念は常に「旅」の概念に依存し,独立して存在するのは「旅」の概念だけであるということになる.

　また,弱いメタファー表示モデルでは,「恋愛」と「旅」とは別々の概念として表示されるが,概念メタファーによって,「恋愛」の概念構造が「旅」の概念によって影響を受けているとみなされる.

　Murphy は,Lakoff and Johnson の理論が,強い解釈でのメタファー的表示に相当するとみなしている.また,McGlone (2001) も同様の見方を示している.Lakoff and Johnson の記述の中には,抽象的概念自体の表示を行わずにすべて具体的概念によって表示するという,「強いメタファー表示説」であると見て取ることができる箇所がある,と McGlone は述べ,(62) の引用を例にあげている.

(62) The essence of metaphor is understanding and experiencing one kind of thing in terms of another.
メタファーの本質は,ある種のものを別の種のものから理解し,経験することである.
(Lakoff and Johnson 1980, 5; McGlone (2001, 93) より引用)

　しかし,(62) の引用で Lakoff and Johnson が意図しているのは,必ずしも強いメタファー表示ではないことを,いくつかの根拠をあげて見ていきたい.

　第一に,目標領域側の概念が,それ自体独立して理解され得るものであることは,Lakoff (1993) の「目標領域制約」(⇒ 3.3.1) からも明らかである.この制約は,目標領域の特性に適合するかぎりにおいて,起点領域からの写像を行い,目標領域側に矛盾が生じないことを述べたものである.そのため,写像は部分的なものとなり,たとえば (Grady (1997a) が指摘するように) THEORIES ARE BUILDINGS の概念メタファーでも,建築物の性質すべてが理論に写像されるわけではない.

　第二に,目標領域の概念が起点領域に「依存」する程度は,概念メタファーによって異なる.たとえば,A CATEGORY IS A CONTAINER

と，LOVE IS A JOURNEY を比較してみよう．前者の場合，「カテゴリー」の概念と「容器」の概念は別のものではあるが，Lakoff（1987, 1993）が指摘したように，「カテゴリー」に関わる推論そのものが容器のメタファーによるものであり（⇒ 例（14）），「カテゴリー」と「容器」の2つの概念は，分かち難く思われる．こうした場合にはメタファー表示の適用を受けるとも考えられるが，LOVE IS A JOURNEY のような概念メタファーでは，「恋愛」と「旅」がそれぞれ自立的概念であり，一方が他方に依存して成立している概念ではない．このように，起点領域・目標領域の自律性に関して，概念メタファーのすべてを一様に扱うことはできないのである．

また，強いメタファー表示モデルとみなした場合，Murphy（1996）が指摘しているように，「恋愛」に関していくつもの概念メタファーが存在する（LOVE IS A JOURNEY, LOVE IS A PATIENT, LOVE IS WAR, LOVE IS MAGIC など：⇒ 2.2.3）という事実は，明らかに矛盾する．実際に，Lakoff and Johnson（1980）は，これら一連の恋愛に関する概念メタファーが，「恋愛」の概念が持つさまざまな側面を捉えたものであると考えている．つまり，「恋愛」という抽象的概念が特定の具体的概念に依存した表示を受けるのではなく，さまざまなメタファーによって理解される多面的構造を持つと想定しており，この点においても，Lakoff and Johnson が強い解釈でのメタファー表示を意図していないことがわかるはずである．

3.7.2 処理過程に相違はあるか

McGlone（2001）は，新しく産出されたメタファーの理解に関しては，概念メタファーの貢献が認められると述べている．さらに，Lakoff and Johnson があげているような「慣例的メタファー表現」と新しく産出されたメタファー表現では，処理過程が異なっており，後者だけに関与する（と McGlone が考える）概念メタファーによってすべてを説明することはできない，と述べている．しかし，「新しい」メタファーも繰り返し用いられるようになれば，当然ながら新奇さが薄れ，慣例的表現へと移行して

いく．この時，McGlone の想定に基づけば，その表現の処理過程がいずれかの段階で異質のものに切り替わるのだろうか．新しいメタファーと慣例的メタファーの連続的性質を考慮すれば，両者に共通した基盤が求められ，McGlone が言うような両者の処理過程の区別は，必ずしも支持されないだろう．（比喩的表現の慣例性と処理過程については，第 6 章で述べる Giora (1997) の「段階的卓立仮説」(Graded Salience Hypothesis) を参照．）

3.7.3　類包含と属性付与によるメタファー

　最後に，心理学での代替案を手短かに見てみよう．Glucksberg and Keyser (1993), Glucksberg (2001) が提案するのが「類包含理論」(class-inclusion theory) というもので，メタファーをカテゴリー化の問題に還元させている．"A is B" の形式をとるメタファーの場合，「A は B というカテゴリーに含まれる」という類包含関係 (class inclusion) を表しているとみなすのである．さらに，カテゴリーは属性の集合であると捉えられ，たとえば "Our marriage is a roller-coaster." (私たちの結婚生活はジェットコースターだ）という表現で，"roller-coaster" によって具体化されているのは，「興奮するもの」，「危険なもの」という「属性カテゴリー」(attributive category) であり，そのカテゴリーに "our marriage" が包含されるという「属性付与モデル」(property attribution model) を想定している．Glucksberg (2001) は，こうしたカテゴリー化によるモデルによって，メタファーの起点領域（媒体）と目標領域（主題）が入れ替え不可能であるという特徴が説明される，と述べている．それは，カテゴリー間の関係において，"A dog is an animal." (イヌは動物である）から "*An animal is a dog." (動物はイヌである）への入れ替え関係が成立しないためである．この媒体と主題の非対称性は，さらに，媒体の属性が主題へと付与されるという，役割上の非対称性に一致することになる．

　Lakoff and Johnson (1980) も，メタファーとカテゴリー化の連続性に着目しており，両者の関係性はたしかに認められる．しかし，メタファーは必ずしも "A is B" の形式を明示しているわけではない．たとえば動詞

句のように述部にのみ表れるメタファー(「湯気を出している」(=怒っている)など)の場合，カテゴリー化として扱うことの難しさが，より顕著になる．すべてのメタファーがカテゴリー化に還元できるかどうかは，慎重に検討しなければならないだろう．

　また，属性付与という役割を果たす媒体カテゴリーのモデル化についても，注意しなければならない点がある．カテゴリーが属性の集合であると想定しても，メタファーで着目されるのは，むしろそのカテゴリーの定義上，周辺的と思われる素性であることが多い．山梨(1988)が指摘するように，「狼」をメタファーとして用いる時，「哺乳類である」，「夜行性である」など，狼を生物学的に定義する素性ではなく，「危険な動物」などという百科事典的知識による素性に焦点があてられている．Glucksberg (2001)の説では，「狼」というカテゴリーを形成する素性の中に「危険な動物」があり，メタファーで用いられている時には，それが一義的に処理される必要があるが，「狼」の素性についての知識がどのように構造化されてそのような処理が可能になるかが問題となる．

　もう1つの問題点は，第6章の6.1節で考察するように，属性が関わるメタファーでは一般に，複数の属性が同時に想起されることである．Glucksbergの提案する属性付与モデルでは，単独の属性のみを問題にせざるを得ず，複数の属性の想起への対処が困難となる．

　鈴木(1996)は，Glucksbergの属性付与カテゴリーが，類推の「準抽象化」に相当すると述べている(⇒第7章)．たとえば「狼」であれば，その動物がどのような属性を持っているかを抽象化し構造化したレベルが存在することによって，メタファー理解が行われる，というのが鈴木の解釈である．こうした抽象化の作用は，Lakoff and Johnsonの理論でのイメージ・スキーマ的構造に対応するとみなされるだろう．このようにして見ると，Glucksbergの属性付与カテゴリーも，メタファー写像から捉え直すことができるであろう．

　以上，Lakoff and Johnsonの概念メタファーに対する心理学での批判に，認知意味論の立場から再度検討を加えてきた．批判的立場では，概念

メタファーを疑問視してもその代案を提示できないのが実情であろう．概念メタファーをどのようなものとして定義し，その存在をどの程度認めるか，何らかの共通基盤を持ったうえで双方の議論を進めることが今後必要とされよう．

第4章　プライマリー・メタファー

　近年 Grady が提案したプライマリー・メタファー（primary metaphor）は，認知意味論にとって新しい局面を展開させた．Grady は，THEORIES ARE BUILDINGS, LOVE IS A JOURNEY, IDEAS ARE FOOD といった構造のメタファーを，より一般的で直接的経験基盤を持つプライマリー・メタファーの集合へと還元させることで，徹底した経験基盤主義を志向している．このプライマリー・メタファーの存在は，Lakoff and Johnson (1999) でも適用されており，神経科学への応用の可能性も示唆されている．

　この章では，プライマリー・メタファーの理論を概観し，認知意味論におけるこれまでの研究成果と照らし合わせて，どのような課題や問題点が考えられるかを述べていきたい．

4.1　プライマリー・メタファーの概要

　Grady (1997a) は，これまで認知意味論の主軸として貢献してきたメタファー写像の理論的な課題や問題点をあげて，それらを熟考し，解決法として「プライマリー・メタファー」による代案を示した，意欲的な研究である．

　プライマリー・メタファーと，それによって構成される複合的メタファー（complex metaphor, または compound metaphor）は，(1)のように定義される．この定義によると，これまで Lakoff and Johnson で扱われてきた慣例的な概念メタファーは，(1b)の複合的メタファーに相当することになる．図1は，これら2種類のメタファーの関係を示したもので

あり，Pはプライマリー・メタファー，Cは複合的メタファーを表している（Grady et al. 1996, 182）．

(1) a. プライマリー・メタファー:
独立した直接的な経験基盤を持ち，それによって言語的データを予測することができるもの．
b. 複合的(慣例的)メタファー:
複数のプライマリー・メタファーから合成された複合的なメタファー．

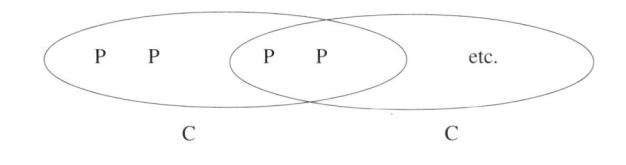

```
      P  P      P  P      etc.
          C          C
```

図1

　Gradyの言う「直接的な経験基盤」とは，原初的に人間が経験する基本的な場面において，運動感覚的（sensorimotor）な経験と主観的な経験・判断がなされるような場合を指す．そのような経験基盤を持つプライマリー・メタファーには，以下のような例がある．

(2) a. AFFECTION IS WARMTH　（愛情は温かさである）
（運動感覚的領域: 温度 → 主観的判断: 愛情）
"They greeted me warmly."（彼らは私に温かく挨拶をしてくれた．）
原初的経験: 愛情を持って抱かれている時に温かさを感じる．
b. MORE IS UP　（量が多いことは上である）
（運動感覚的領域: 垂直の方向性 → 主観的判断: 量）
"Prices are high."（価格が高い．）
原初的経験: 量が増えたり減ったりする時に，積み重ねたものや流動体の嵩(かさ)が上昇あるいは下降するのが見える．
c. INTIMACY IS CLOSENESS　（親密さは近さである）

(運動感覚的領域: 身体的な距離 → 主観的経験: 親密さ)
"We're close friends." (私たちは親しい友達です.)
原初的経験: 親しい人とは物理的に近くにいる.

d. UNDERSTANDING IS GRASPING （理解することは掴むことである）
(運動感覚的領域: 物体の操作 → 主観的判断: 理解)
"He grasped our idea immediately."（彼はすぐ私たちの考えを把握した.）
原初的経験: ある物体についての知識を，それを掴んで操作することで得る.

e. CATEGORIES ARE CONTAINERS （カテゴリーは容器である）
(運動感覚的領域: 空間 → 主観的判断: 種類の知覚)
"Are tomatoes in the fruit or vegetable category?"（トマトは果物と野菜のどちらに入りますか.）
原初的経験: 種類が一緒のものは同じ領域にあることが多い.

(Grady 1997a, Appendix)

以上の例からわかるように，プライマリー・メタファーが「プライマリー」，すなわち「原初的」で「第一義的」であるのは，それが運動感覚という身体を通じた直接的経験に根ざしており，私たちの認知発達過程の中でも初期に経験されるためである．こうした考えそのものは，Neisser (1976), Johnson (1987) の言う「運動・知覚など，身体性に基づいたスキーマ」が発端であると言える(⇒ 3.1.3)．

プライマリー・メタファーと強い結びつきを持つ言語習得上の現象に，C. Johnson (1997) の提案する「合併」がある．

C. Johnson によると，子どもの発達過程において，本来は2つの独立した経験であるものが，混沌とした1つの経験として認識される段階がある．それらの経験は，一方が主観的経験や判断，他方が運動感覚的な経験であるのが一般的である．たとえば KNOWING IS SEEING（知ることは見ることである）の場合，「知る」ことは「見る」という知覚経験を通じ

ることが多いため，ある段階の子どもは，その両者に区別を行わない．"Let's see what's in the box." という表現での see の用い方は，「見る」，「知る，わかる」の間で曖昧である．"I see what you mean." のように，see が「わかる」の意味だけで用いられている表現は，この段階の子どもの発話には見られないが，C. Johnson によると，子どもは see の両義性をきちんと把握しているという．つまり，子どもは初期の段階において，「見る」，「わかる」の両方が混沌とした意味を see に結びつけているのである．このように，大人の視点から見れば2つの経験とみなされるものが混沌と交じり合った状態を，「合併」(conflation) と言う．この合併の段階の後に，「分化」(differentiation) の段階があり，「見る」という経験と「わかる」という経験の区別が行われるようになる．

以上の仮説に従うと，KNOWING IS SEEING の概念メタファーは，はじめは未分化だった概念領域が，後の段階で起点領域と目標領域に分かれ，その間で写像が起こるようになったものだと考えられる．この時，「合併」から「分化」の過程で作り出されるものが，Grady の言うプライマリー・メタファーに相当する．すなわち，プライマリー・メタファーの写像は，「合併」の段階ですでに動機づけられているということになり，言語習得の観点からプライマリー・メタファーの存在が裏づけられると言える (⇒ 6.2.1)．

このプライマリー・メタファーが合成され，複合的メタファーとなる過程について，Grady は，いわゆる「単一化」(unification) と同じく，プライマリー・メタファー同士が衝突を起こさないという制約のもとでなされる，と述べている．Grady の考えでは，Lakoff and Johnson のあげた「構造のメタファー」のほとんどが，複合的メタファーに相当することになる．次節では，Grady による分析を具体的に見ていきたい．

4.2　プライマリー・メタファーへの「分解」: **THEORIES ARE BUILDINGS** を例に

この分析方法に基づき，Grady は，Lakoff and Johnson (1980) での構造のメタファー，THEORIES ARE BUILDINGS (理論は建築物である)

が，実際には以下の2つのプライマリー・メタファーから構成される，複合的なメタファーであると提案している．

(3) a. ORGANIZATION IS PHYSICAL STRUCTURE （組織は物理的構造である）
    b. VIABILITY IS ERECTNESS （正しく機能することは，まっすぐ立つことである） (Grady 1997a, 46)

これら2つのプライマリー・メタファーは，相互に独立して存在している．そのため (3a) からは (4)，(3b) からは (5) の表現が，それぞれ事例として生じている．

(4) a. The theory has completely unraveled. （その理論は完全に破綻している．[unravel: 糸などを解く，ほどく]）
    b. Our marriage is in tatters. （私たちの結婚生活はぼろぼろだ．[tatter: ぼろ，切れ端]）
(5) a. The speed record for the mile still stands. （1マイル競争のスピード記録は，まだ破られていない．）
    b. This situation will not stand. （この状況は持たないだろう．）
    (*ibid.*, 48)

さらに Grady は，THEORIES ARE BUILDINGS というレベルでの分析で見出される以下の3つの問題点が，2つのプライマリー・メタファーに「分解」することで解決されるとしている．

① 写像の欠如
　起点領域に存在する重要な要素あるいは側面が，目標領域に対応物を持たないという，「写像の欠如」あるいは「データのギャップ」と言われる現象がある．たとえば「建築物」に欠かせない「窓」を使った "This theory has no windows." （この理論には窓がない）という表現は，成立したとしても非常に特殊であると感じられる．もし THEORIES ARE BUILDINGS が (3) の2つのプライマリー・メタファーから成立しているとす

れば，起点領域にあるものは「物理的構造」と「まっすぐに立つ」という静態的位置関係であるため，「建築物」からの写像は必要がない．そのため，「窓」が「理論」に写像されないという事実を説明し予測することができる，と Grady は述べている．

② 経験基盤の欠如

同じ概念メタファーでも，MORE IS UP の場合には，「量が増える」ことと「嵩が上昇する」ことを同時に経験するという基盤があったが，それに対して THEORIES ARE BUILDINGS の場合，経験の中で「理論」と「建築物」に，直接の相関関係を認識することはない．その意味で，THEORIES ARE BUILDINGS は，「経験基盤主義」という Lakoff and Johnson のテーゼを実現していないことになる．それに対して，(3a) と (3b) のプライマリー・メタファーは，おのおの直接的な相関関係の経験に基づいていると Grady は述べているが，具体的にどのような基盤を持つのかについては，4.4 節の中で詳しく検討したい．

③ 他の目標領域に関わるメタファーとの区別

Grady は，THEORIES ARE BUILDINGS の例となる表現 (foundation, collapse など) が，(6) のように，「理論」以外のものを目標領域とする他のメタファーの例にもなることをあげている．

(6) a. Trust is the foundation of marriage. （信頼は結婚生活の礎だ．）
    b. Recent land development has caused the near collapse of the Bay's ecosystem. （最近の土地開発により，湾の生態系がほとんど崩壊してしまっている．） (Grady 1997a, 42)

それぞれ関与する目標領域は，(6a) では「結婚」という人間関係，(6b) では「生態系」という機能であるが，THEORIES ARE BUILDINGS と同様にこれを捉えるならば，HUMAN RELATIONSHIP IS A BUILDING と FUNCTION IS A BUILDING というメタファーが存在すること

になる．Grady はそのように考えるのではなく，foundation や collapse という表現が，独立したより一般的なプライマリー・メタファーから生じており，それが「理論」のほかに「結婚」，「生態系」など，複数の特定の領域で適用された結果，(6) のような表現が生じているとみなしている．

4.3　プライマリー・メタファー再考：分解分析の問題点

　メタファーの中に，プライマリー・メタファーという基本的レベルのメタファーと，より複合的レベルのメタファーがあるという見方自体は，身体性や経験の基本性といった点から，十分に動機づけられる．この節では，認知意味論の見地から，プライマリー・メタファーによる分析を再考していく．以下で議論するのは，「目標領域制約との整合性」，「経験基盤の欠如」，「構成性とゲシュタルト」の3点である．

目標領域制約による説明との整合性

　先に見たように，Grady はプライマリー・メタファーを想定する根拠として，起点領域から目標領域への写像が欠如している場合があり，それを説明するのに，不変性原理に含意される「目標領域制約」（⇒ 3.3.1）がうまく機能しないことをあげている．

　THEORIES ARE BUILDINGS の場合，"Theories have windows."（理論には窓がある）という表現に論理的矛盾はないため，目標領域制約は機能し得ないのではないかと Grady は述べているが，目標領域制約は必ずしも論理的矛盾のみを避けるものではない．「窓」というものの機能などに関する知識があれば，「理論」の構造の中に「窓」に対応する部分がないということを，経験的に判断することもできる．また逆に，対応する部分があるかぎり，それらは「理論」の領域に写像され，第2章の (52) や後述の (8) にあげるような，創造的なメタファー表現も生み出されるのである．

経験基盤の欠如

　次に，THEORIES ARE BUILDINGS に「経験基盤」がないという，

Grady の批判について検討する．この Grady の主張は，はたして Lakoff らのメタファー写像理論への批判となり得るだろうか．

1つの論点は，「経験基盤」の定義であろう．実際に，Lakoff らが主張するメタファーの基盤は，経験における直接的な相関関係というよりも，それも含めた「身体性」に移行している (Lakoff and Johnson 1999). 身体を通じて経験できる事柄であるほど，私たちにとっては「基本的経験」であり，メタファーの起点領域としても機能しやすい．THEORIES ARE BUILDINGS の場合も，「建築物」は私たちの生活において不可欠な「容器」であり，「建築物」という概念の基本性・具体性は，十分に保証されると考えられる．それならば，「建築物」を起点領域としたメタファーの存在もまた，十分に動機づけられる．

その一方で，(3a) で起点領域とされている「物理的構造」は，私たちの日常経験において何に相当するのか，具体性に欠ける．結局のところ，「物理的構造」で想起されるのは，「家屋」などの建築物でもある．そのほかの「物理的構造」に写像されることがないことを，Grady らの理論では何らかの方法で述べねばならないだろう．

また，Grady が代案として出したプライマリー・メタファーが，本当に Grady の意図する経験基盤を満たしているかどうかも，確かめてみなくてはならない．Grady は，THEORIES ARE BUILDINGS を構成する2つのプライマリー・メタファー (= (3a, b)) が，次のような基盤を持っていると述べている．

(7) a. ORGANIZATION IS PHYSICAL STRUCTURE（組織は物理的構造である）:
部分・全体構造をなすような複合的物体と相互作用し，それによってその物体に見られる論理的・使役的関係の心的表示を形成することにより，直接的な相関関係が得られている．
b. VIABILITY IS ERECTNESS（正しく機能することは，まっすぐ立つことである）:
木や電柱などのように，まっすぐ立っている物体は正常に機能しており，倒れている物体は正常な機能をもはや果たして

いない，という相関関係を経験的に得ている．

このうち，(7b) の基盤は直接的経験として理解できるが，(7a) の基盤はかなり抽象的である．Grady が「物理的構造」の例としてあげている「建築物」や「ぼろ布」(tatter) は，たしかに部分が全体を構成する「組織」であるが，その部分・全体関係を「直接経験」することができたとしても，そこから論理的・使役的関係——たとえば，布地では縦糸と横糸が絡み合っており，1本がほどけると布地全体がばらばらになったり，建築物では柱が屋根を支えており，柱が折れると屋根が落ちるなど——を得るには，何らかの抽象化作用が必要であると思われる．実際に，「布地」と「建築物」では，含意される論理的関係も異なっており，それらから共通のものを引き出すには，捨象しなくてはならない面もある．たとえば布地の糸に見られるタテ・ヨコの方向性や，その緊密性の含意などは，建築物ではそう顕著ではない．このように見てみると，Grady がプライマリー・メタファーによって解決しようとした「直接的な経験基盤」は，彼の分析でも依然として問題となると言える．たしかに (7a) のプライマリー・メタファーは，十分に一般的・抽象的ではあるが，だからと言って経験基盤を備えていることは，必ずしも保証されないのである．

そのほかにも，Grady が根拠としてあげる原初的経験には，必ずしも直接的・身体的経験とは言えないものが含まれている．たとえば，STATES ARE LOCATIONS（状態は位置である）というプライマリー・メタファーは，「木の下は涼しい」など，特定の状態と位置の相関関係の経験によるとされているが (Grady 1997a, Appendix)，"under the tree" が cool を意味するようなメタファー的拡張は実際に起こっていないため，直接的経験から状態と場所の結びつけを行うのは，根拠が希薄であると思われる．また，TIME IS MOTION（時間は運動である）というプライマリー・メタファーの場合，人が移動するのと同時に時間の経過を経験するという，共起性によるとされているが (*ibid.*)，TIME IS A MOVING OBJECT（時間は移動する物体である: ⇒ 2.3.3）という概念メタファーからわかるように，実際に移動するのは人ではなく，時間である．したがって，人の移動

と時間経過の相関関係から直接 TIME IS MOTION が得られるのではなく，さらに時間を物体に見立てるなどのメタファーが関与していると思われるため，原初的経験における共起性からのみ TIME IS MOTION を動機づけるのも，必ずしも十分ではないだろう．

メタファーの「構成性」とゲシュタルト

Grady の見方で重要になるのが，「構成性」(compositionality) の問題である．構成性とは，「表現全体の意味がその部分の意味からのみ構成される」とみなすことを指して言うが，認知意味論はそれに対し，「全体の意味はその部分の意味の総和以上である」とみなす，ゲシュタルトの立場をとる(⇒ 2.2.2)．複合的メタファーは，いくつかのプライマリー・メタファーに分解可能なのだろうか．また，プライマリー・メタファーの総和と，それらからなる複合的メタファーが，意味的に等価であると言えるのだろうか．

THEORIES ARE BUILDINGS の場合，(3) にあげているプライマリー・メタファーの集合から，BUILDING の概念が直接立ち上がってくるかどうかは，定かではない．たしかに，(3) のプライマリー・メタファーから，(8a, c) のある側面を説明することができるが，(8b) の基盤 (foundations) といった表現や，(8d, e) の表現については，また別のプライマリー・メタファーを想定しないかぎり，説明することができない．

(8) a. You have failed to buttress your arguments with sufficient facts. （あなたは議論を十分な事実で支えていない．）
　　b. Recent discoveries have shaken the theory to its foundations. （最近の発見は，その理論を基盤から揺さぶっている．）
　　c. Their theory collapsed under the weight of scrutiny. （彼らの理論は，厳密な調査の重みで崩壊した．）

(Grady et al. 1996, 177)

　　d. His theory has thousands of little rooms and long, winding corridors. （彼の理論には，いくつもの小部屋と長く曲がりくねった回廊がある．）

e. Complex theories usually have problems with the plumbing.
   （複雑な理論には，配管設備の問題がつきものだ．）
                                     （Lakoff and Johnson 1980, 53）

(8d, e) は，複合的メタファーでの写像を認めなくては説明できない場合もあることを示している(特に，非慣例的で新しいメタファー表現の場合はそうであろう)．しかし，もし構成性を想定する一方で，ゲシュタルト的に複合的メタファー独自の機能も認めるのならば，Grady らの理論は，ある複合的メタファーにとって可能な下位写像（submapping）のリストをあげるに等しくなる可能性もある．

このような創造的メタファー表現に関する問題について，Grady 自身は，プライマリー・メタファーに基づく説明を試みているが，実際にはその説明も，THEORIES ARE BUILDINGS という複合的レベルをベースとしたうえで，不足する意味を補う別のプライマリー・メタファーを結合させる方法であり，やはり THEORIES ARE BUILDINGS を1つのゲシュタルトとして認めざるを得ないのではないかと思われる．

以上，プライマリー・メタファーに基づいて言語現象を分析するにあたって，検討を要する理論的・実際的な問題点をあげたが，Grady が論拠として述べている「写像の欠如」の問題については，第7章で，類推モデルの観点から再度考察する．

4.4　プライマリー・メタファーと身体性基盤

最後に，Grady によるプライマリー・メタファーの考えが，Lakoff and Johnson (1999) でどのように適用されているか，見ておこう．

Lakoff and Johnson も，プライマリー・メタファーを「直接的な経験基盤」を保証するレベルとして取り入れ，概念メタファーも，プライマリー・メタファーという下位メタファーから成立するという見方をとっている．しかし，プライマリー・メタファーから成り立つ「複合的メタファー」（すなわち LOVE IS A JOURNEY など，従来の表示レベル）の

存在意義は，Grady 以上に認めているようである．たとえば，LOVE IS A JOURNEY による表現 "Our marriage is a dead-end street."（私たちの結婚生活は袋小路だ）のように，起点領域（journey）の推論を目標領域にも写像するという考えは，以前の Lakoff and Johnson（1980），Lakoff（1993）と変わっていない．つまり，プライマリー・メタファーに「分解」されても，複合的メタファーはその地位を保ち，そのレベルでのみ機能し得る役割を果たしていると，Lakoff and Johnson は考えているようである．このように，還元主義的な Grady の分析に対し，Lakoff and Johnson はメタファーを多層的に捉え，それぞれが必要に応じた機能を担っているという立場にあると言える．

　さらに Lakoff and Johnson は，神経回路における活性化という点からも，プライマリー・メタファーを評価している．彼らはプライマリー・メタファーについて "... realized in our brains *physically* and are mostly beyond our control"（私たちの脳で身体的に具現化され，コントロール可能な範囲外にあるもの; Lakoff and Johnson 1999, 59）と述べている．これはつまり，原初的経験を通じて，脳の神経回路上の運動感覚領域と主観的判断領域の共活性化が定着（entrench）し，その結果，プライマリー・メタファーが無意識的認知（the cognitive unconscious）の一部となっていることを意味している．Lakoff and Johnson は，脳神経回路という根源的レベルにおいてプライマリー・メタファーが身体化されたものと想定することで，新たな意義を見出しているのである．このような見方から，身体性基盤を取り込んだ計算モデルへの応用も示唆されており（この点についての概要は Lakoff and Johnson（1999, Appendix）を参照），今後の発展が期待される．

第 5 章　メトニミー

　メトニミー（metonymy: 換喩）とは，伝統的に「近接性に基づく比喩」と定義されてきた．つまり，あるものによって，それと近い関係にある別のものを指し示すという用法であり，その代表的な例は以下のとおりである．

（ 1 ）　a.　The kettle is boiling.　（やかんが沸騰している．）
　　　　b.　She bought Shakespeare.　（彼女はシェイクスピアを買った．）
　　　　c.　We need more hands.　（もっと手が必要だ．）

(1a) の the kettle（やかん）が実際に指示しているのは，その中の水であり，(1b) で彼女が買ったのは，Shakespeare の書いた作品・本である．(1c) では，実際に「手」だけが必要なのではなく，手を持つ人間が必要とされていることは容易にわかる．(1c) のような「部分・全体」関係に基づくメトニミーは，特にシネクドキ（synecdoche: 提喩）と言い，別に分類する場合もある．いずれも (1) の表現では，実際に言語化されたものが，何らかの意味で近接関係にあるものを指示している．
　上の例からもわかるように，メトニミーに関わる「近接関係」にはさまざまな種類がある．しかしメトニミーは，メタファーの下位クラスの比喩として分類されることも多く，メタファー研究とは異なり，単独で光をあてられることが少なかった．しかし，認知意味論の観点からメトニミーの意味記述が進むとともに，メトニミーを産出する基盤となる認知的構造やプロセスの重要性の認識が，近年高まってきた．この章では，そうしたメ

トニミー研究の流れを概観していく．

5.1 近接性の種類に基づくメトニミーの分類

5.1.1 メトニミーの生産的パターン

メトニミーに関して，表現されたものとそれが実際に指示するものとが，どのような関係にあるかは，これまでの研究によってさまざまに提示されてきている．たとえば Lakoff and Johnson (1980) は，第2章で見た概念メタファーと同様，メトニミーも私たちの思考体系を形成していると考え，以下のようなメトニミーのパターンを提案している．

(2) PRODUCER FOR PRODUCT （製作者で製品を指す）
 a. He bought a *Ford*. （彼はフォード(社の車)を買った．）
 b. He's got a *Picasso* in his den. （彼は書斎にピカソ(の絵)を持っている．）

(3) OBJECT USED FOR USER （物品でその使用者を指す）
 a. The *sax* has the flu today. （サックス(の奏者)は今日は風邪をひいている．）
 b. We need a better *glove* at third base. （私たちは3塁にもっといいグローブ(＝守備のうまい選手)が必要だ．）

(4) CONTROLLER FOR CONTROLLED （コントロールする者でコントロールされるものを指す）
 a. *Nixon* bombed Hanoi. （ニクソン(政府)はハノイを爆撃した．）
 b. *Ozawa* gave a terrible concert last night. （小澤(の指揮するオーケストラ)は昨夜ひどい演奏をした．）

(5) INSTITUTION FOR PEOPLE RESPONSIBLE （機関でその責任者を指す）
 a. *Exxon* has raised its prices again. （エクソン(社の上役)はまた値上げした．）
 b. You'll never get the *university* to agree to that. （大学(の上層部)はそれに同意してくれないだろう．）

(6) THE PLACE FOR THE INSTITUTION （場所でそこにある

機関を指す)
- a. The *White House* isn't saying anything. （ホワイトハウス(＝アメリカ政府)は何も言っていない．）
- b. *Wall Street* is in a panic. （ウォール街(＝アメリカ金融市場)はパニックに陥っている．）

（7）THE PLACE FOR THE EVENT　（場所でそこで起こった出来事を指す）
- a. Let's not let Thailand become another *Vietnam*. （タイを新たなベトナム(＝ベトナム戦争，その戦場)にしてはいけない．）
- b. *Pearl Harbor* still has an effect on our foreign policy. （真珠湾(＝真珠湾攻撃)は未だに私たちの外交政策に影響を与えている．）

（8）THE PART FOR THE WHOLE　（部分で全体を指す）
- a. We don't hire *longhairs*. （長髪(の人)は雇わない．）
- b. The Giants need a *stronger arm* in right field. （ジャイアンツはライトにもっと強い腕(の選手)が必要だ．）

　　　　　　　　　　　　　　　　(Lakoff and Johnson 1980, 38–39)

そのほかにも，山梨(1988)は以下のような関係を示している．

（9）容器と内容
- a. 一升瓶を飲み干す．
- b. 鍋が煮える．
- c. 海が干上がる．
- d. その選挙の結果に霞ヶ関は動揺している．
- e. 庭を掃く・顔を剃る・頭を刈る

（10）主と従の共存性
- a. 詰め襟　（学生）
- b. 黒帯　（武道の有段者）

（11）主体と手段
- a. 白バイ
- b. 指揮者はそのクラリネットを笑った．

（12）原因と結果
a. 赤面する （原因: 恥ずかしい）
b. 唇をかむ （原因: くやしい）

以上のようなパターンに基づくメトニミーが数多く見られることが，先行研究からすでに明らかにされている．

これらのパターンには，相互に対応し合うものや，連続性の認められるものがある．たとえば，山梨 (1988) の「主と従の共存性」，「主体と手段」は，Lakoff and Johnson (1980) があげる (3) の OBJECT USED FOR USER に対応している．

また，連続性が認められるパターンとして，「容器と内容」からの拡張がある．山梨 (1988) が，「容器と内容」の項目で「一升瓶(=酒)を飲み干す」のような典型的事例からの拡張としてあげている (9c)「海が干上がる」では，「海」が一種の容器とみなされ，実際にはその内容物である「海水」が指示されている．また，(9d) の「霞ヶ関」は厳密には地名であるが，その町や土地を容器，その地に関係の深い人びとを内容物とみなすこともできる．(9e) の「庭」，「顔」，「頭」の場合も，容器が平面的な場所となっているが，その場所に含まれる「(庭の)落ち葉」，「(顔の)ひげ」，「(頭の)髪の毛」を「内容物」とみなし，「容器と内容」からの拡張と考えることもできる．このように捉えれば，Lakoff and Johnson が (6) の THE PLACE FOR THE INSTITUTION のパターンとしてあげた Wall Street (ウォール街)の例についても，場所とその中に存在している機関の関係を，「容器と内容」の関係の一種とみなすことができる．

また，'china' が陶磁器を，'japan' が漆器を意味するような「産地と産物」の関係も，「容器で内容」から捉えることができる．「霞ヶ関」の場合のように土地を「容器」とみなせば，「産地」も一種の容器であり，その中で育成されたり生産されるものを「内容」とみなすこともできるためである．それに加えて「産地で産物」の場合は，「制作者で作品」(Lakoff and Johnson では (2) の PRODUCER FOR PRODUCT に相当する)のパターンも関与しているだろう．「霞ヶ関」のように，土地の名前によって

その土地に勤務したり居住するなど関わりの深い人を指すとすれば，実際には産地にいる人が産物を生産しているため，「制作者で作品」と同様，産み出す側が産み出されるものを指示するという関係が見出されるためである．

その一方で，他のパターンと性質を異にしているものもある．山梨 (1988) や瀬戸 (1997) があげているように，「原因と結果」の関係は，因果関係という時間的順序から見て，互いに接近した2つの出来事や状態によるものであり，「時間」の概念が関係している点で，他のメトニミーのパターンとは性質が異なっている．(12a) の「赤面する」は，ただ単に顔が赤くなることを意味するのではなく，顔が赤くなるという状態を引き起こす原因である，「恥ずかしい」という感情を指示している．この点に関して，Blank (1999) はメトニミーの近接性を，「共存性」(co-pretence) と「連続性」(succession) の2種類に分け，前者は，空間的系列が関与する共時的性質を，後者は，時間的系列の関与する通時的性質を帯びていると述べ，メトニミーの近接性のパターンに対し，新たに興味深い分類を提案している．

5.1.2 状況依存的メトニミー

これまでに見てきたのは，生産的なメトニミーのパターンであったが，その一方で，特定の状況や文脈でのみ生じる「一度きり」のメトニミーもある．Lakoff and Johnson (1980) があげている次の例は，その典型である．

(13) The *ham sandwich* is waiting for his check. （ハムサンドイッチが勘定を待っている．）

これは，レストランの店員が，「ハムサンドイッチ」によって「ハムサンドイッチを注文した客」を指しているというメトニミーである．「客と注文した品」の間にも近接関係は認められるが，それが活用されるのはやはりレストランなどの特定の状況にかぎられ，一般性があるとは言えない．また，「ハムサンドイッチ」によって実際に指示される人も，その場面で

注文したものがハムサンドイッチであったためにそのように参照されるのであり，その場かぎりのメトニミー的用法である(ただし，その人が毎度ハムサンドイッチばかり注文する常連客であれば，(3)のOBJECT USED FOR USERのパターンを形成し，愛称としてハムサンドイッチと呼ばれる可能性もある)．この例に見られるような談話的要因の関わりについては，5.4節で見る．

5.1.3 部分・全体関係とシネクドキ

Lakoff and Johnson (1980) では，メトニミーのパターンの中に (8) のように部分・全体関係を含めていたことからわかるように，この部分・全体関係は一種の近接関係であり，メトニミーとみなされる．その一方で，それらが「シネクドキ(提喩)」として伝統的に区別されてきたことにも，何らかの根拠があると思われる．この節では，部分・全体関係に焦点をあて，その特徴を見ていく．

山梨 (1988) は，シネクドキに，いわゆる「部分・全体」の関係と「類・種」の関係があると述べている．

(14) 部分・全体
    a. 手を貸す．（[部分] 手 → [全体] 人）
    b. 赤鉛筆 （[全体] 鉛筆 → [部分] 鉛筆の芯）
(15) 類・種
    a. 花見 （[類] 花 → [種] 桜）
    b. 人はパンのみに生きるにあらず．（[種] パン → [類] 食物）

この例が示すように，部分・全体の関係は，「部分で全体を指す」パターンと，その反対で「全体で部分を指す」パターンの2通りが見られることが，シネクドキの特徴である．後で見るように，「容器と内容」，「著者と著作物」などの近接関係のパターンではこうした反転が起こりにくいという事実とは，対照的である．部分・全体関係に関して，このように両方向のパターンが生じる理由については，5.2.2節で扱うことにする．

また，瀬戸 (1997), Seto (1999) は，「類と種」の関係に基づくものの

みをシネクドキとして分類している．その主たる根拠は，部分と全体の関係が，実体 (Entity) の関係 (E 関係) であるのに対し，類と種の関係は，概念的な範疇 (Category) の関係 (C 関係) であるという，性質の違いである．前者の E 関係に基づくものは「パートノミー」(partonomy)，後者の C 関係に基づくシネクドキは「タクソノミー」(taxonomy) とも呼ばれる．

　このような下位分類は可能であるが，実体の E 関係と範疇の C 関係の境界線は，必ずしも明確ではない．たとえば，「シェイクスピアを読んだ」のようなメトニミーは「著者と著作物」の関係に基づいているが，この関係が実体的であるか概念的であるかは，微妙である．「シェイクスピア」は特定の人物を指してはいるが，私たちにとってシェイクスピアは，「実態」と言うよりはむしろ，16–17 世紀イギリスの作家であるという知識上の人物であり，概念的な存在である．

　さらに，分類的なカテゴリーの概念自体が，「容器」のメタファーに基づいていると考えられる (⇒ 3.3.3, 4.1)．図 1 のように，「類」は「容器」，その要素である「種」は容器の「内容」とみなされ，それゆえに「類」と「種」の間に，全体・部分の内包関係が認識されるのである．したがって，メトニミーに属する「容器と内容」とそのメタファーである「類と種」の間には，連続性が見出される．

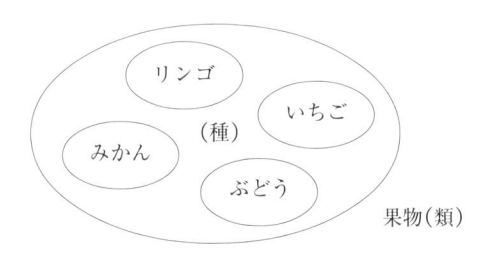

図 1

この点について瀬戸 (1997, 163–164) は，図 1 のような表示手段が私たちを「空間的思考に陥らせ」，図示そのものが「幻想を生み，理論的混乱

の原因になる」と指摘している．しかし，こうしたカテゴリー認識は単なる便宜上の表示ではなく，私たちのカテゴリー観そのものを反映している．逆に，「容器と内容」のような空間的内包関係なくしてカテゴリー関係について考えることは，非常に困難であり，それらはもはや(幻想ではなく)不可分な関係にあると言えよう．

　以上から，類と種を含む部分・全体関係に基づく表現をシネクドキとして分類することは可能であるが，部分・全体関係も近接関係の一種であることも確かである．したがって，シネクドキはメトニミーとの連続性の中で扱うのが妥当であり，本書でも以降はメトニミーの下位類として話を進めていきたい．

5.2　認知意味論から見たメトニミー

5.2.1　メトニミーの非対称性

　（16）「チーズ」が「バター」訴える　出版差し止め仮処分を申請
　　　　　　　　　　　　　　　　　（『朝日新聞』2001年5月28日）
　（17）　哀悼　サザエさん一家が見守った　カツオの白血病闘病とその死
　　　　　　　　　　　　　　　　　（『女性セブン』1999年4月22日号）

これらはいずれも，新聞・雑誌の見出しからの例である．(16)の「チーズ」は『チーズはどこへ消えた？』，「バター」は『バターはどこへ溶けた？』という著書名からとられている．さらにそれらは著書自体ではなく，おのおのの出版元を指しており，『チーズはどこへ消えた？』の出版社が，装丁・タイトルの酷似した『バターはどこへ溶けた？』の出版社に，出版差し止めを求めたという出来事を端的に表している．つまり(16)は，著作物がその出版社を指すというメトニミーである．また，(17)の「サザエさん一家」や「カツオ」は，テレビ番組『サザエさん』の登場人物自体ではなく，その声を担当する声優を指すメトニミーとなっている．

　(16)や(17)のメトニミーは，(2)にあげたPRODUCER FOR PRODUCTの逆パターンとなっており，一般的なメトニミーとは異なる修辞的

効果が感じられる．これらの例は「見出し」であり，読み手の注意や意識を引きつける必要があるため，あえて慣例的なパターンである PRODUCER FOR PRODUCT をくつがえし，意外性を産み出していると考えられる．

　これらのように，印象を強める，効果を高めるなどの特別な理由による例外はあるものの，一般的表現に見られるメトニミーの近接性のパターンには，一定の方向性があるようである．たとえば，Lakoff and Johnson (1980) や山梨 (1988) のあげたパターンの逆方向のものに基づくメトニミー表現は，一般的には稀である．

(18)　内容物で容器を指す
　　　a.　お茶 (→ 湯のみ) をひっくり返す
　　　b.?日本酒 (→ 一升瓶) は回収してリサイクルすることになっている．
(19)　著作物で著者，製品で製作者を指す
　　　a.＊今度，*Women, Fire and Dangerous Things* (→ 著者の George Lakoff) の講演会がある．
　　　b.＊就職先の第一希望はウォークマン (→ ソニー) です．

近接性のパターンを逆にしてみると，メトニミー的表現を産出する力が明らかに落ちてしまう．こうした非対称性は，「近接性」からだけでは説明することができない．なぜなら，「A は B に近い」（A is close to B）のであれば，A と B を入れ替えて「B は A に近い」（B is close to A）」も成立するはずであるからだ．

　同じことは，前章で見たメタファーについても言える．メタファーは伝統的な定義上，「類似性」に基づくが，「A は B に似ている」（A is similar to B）のであれば「B は A に似ている」（B is similar to A）も成立する．しかしメタファーの場合は，起点領域から目標領域へのメタファー写像という仕組みによって，喩えるものと喩えられるものの間の，非対称性を捉えることができた．では，メトニミーのパターンに見られる非対称性は，どのように捉えたらよいだろうか．その 1 つの手がかりを与えたの

が，Langacker（1993）による「参照点」（reference point）のモデルと，そのモデルに関与する「認知的際立ち」（cognitive salience）の原則である．

5.2.2 参照点構造

Langacker（1993）は，言語現象のさまざまな面において「参照点構造」（reference-point construction）という心的操作が反映されていることを指摘した．その参照点構造とは，概念化者（C）が，あるターゲット（T）に注意を向けたいが，直接そのターゲットにアクセスするのが困難な場合，より注意を向けやすい参照点（R）にまずアクセスをし，参照点を経由してターゲットに注意を向ける，というものである（Langacker 1993, 6）．

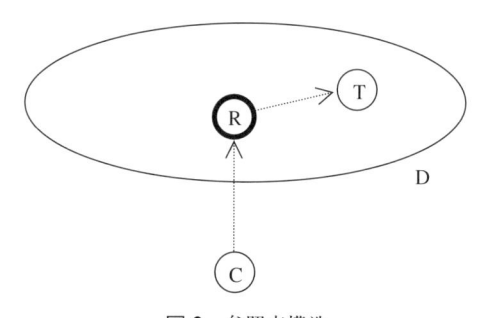

図2 参照点構造

この図で，概念化者から延びる点線矢印は，概念化者の注意・意識などがたどる心的経路（mental path）を表す．また，楕円形で表されている支配域（D: dominion）は，参照点を経由してアクセス可能な範囲を示す．もちろん，ターゲットとなるものはこの支配域内に存在している必要がある．

このように参照点を作り出すのは，私たちの基本的認知能力の1つであり，言語以外の面でも(たとえば人に道を教える場合など)この能力を活用しているのだ，と Langacker は述べている．

この参照点構造には，参照点からターゲットへの一方向の心的経路が含まれているが，ターゲットよりも参照点のほうが概念化者にとってアクセスしやすい存在物でなければ，参照点としての役割を果たせないことは明らかである．アクセスしやすい存在物とは，認知的に際立つ (salient) 存在物，と言えるだろう．言い換えれば，参照点はターゲットよりも際立ちの高いものである，ということになる．このことを図中では，参照点を太線にすることで表示している．

Langacker (1993) が参照点構造を反映した言語現象としてあげているのが，所有表現である．(20) にあげた所有表現が表している関係はさまざまであるが，いずれも所有者（John）が参照点，所有物（book, leg, mother）がターゲットとなっており，その関係を入れ替えることはできない．これは，所有するものが所有されるものよりも際立つ，という特性によるものである．

(20) a. John's book（所有）   *the book's John
     b. John's leg（身体部位）   *the leg's John
     c. John's mother（親族関係）   *the mother's John

同様にしてメトニミーも，参照点構造が反映された言語現象としてあげられている．

(21) a. He's in the phone book. （彼（の名前）は電話帳にある．）
     b. He ate an apple. （彼はりんごを1個食べた．）
     c. She ran out the clock. （彼女は時間を使い果たした．）
     d. That car doesn't know where he's going. （あの車（の運転手）は，どこへ向かっているのかわかっていない．）

上の例から明らかなように，言語的に明示された「プロファイル」(profile) が参照点，その実際の指示対象がターゲットになっている．Langacker は，(21) の例がいずれも，次のような認知的際立ちに関する原則に従っており，際立ちの高いものを参照点としていることを示している．

(22) a. human > non-human （人間がそれ以外のものより際立つ）

b. whole > part　（全体が部分より際立つ）
　　　c. concrete > abstract　（具体的なものが抽象的なものより際立つ）
　　　d. visible > invisible　（目に見えるものが見えないものより際立つ）

(21a)で，実際に電話帳にあるのは「彼」という人間ではなく，「彼の名前」である．これは，(22a)の際立ちの原則に従って，人間が参照点として選択されている例である．同じように，(21b)で彼が食べたのは「りんご全体」ではなく「りんごの実(芯や種は除く)」であるが，これは whole > part の原則によるものである．(21c)は，具体物の clock (時計)によって抽象概念である時間を指示しており，また，(21d)は，visible > invisible に従って，外からよく見えない運転手ではなく，よく見える「車」を参照点としているのである．

　また，Langacker (1995) は，メトニミーのようにプロファイルと指示対象がずれている現象は，非常に一般的なことであると述べている．以下の例は，一見，字義どおりに使っているようだが，厳密に言うと，プロファイルと指示対象は一致していない．実際に木に刺さっているのは，the arrow のプロファイルである「矢」全体ではなく，「矢の先」だけだからである．

　　(23)　the arrow in the tree（木に刺さった矢）

Langacker はこれを，「プロファイルと活性領域（active zone）の不一致」と呼んでいる．(23) の場合，プロファイルは「矢」である一方，実際に指示される活性領域は「矢の先」となる．こうした場合も，私たちはプロファイル(矢)を参照点とし，活性領域(矢の先)をターゲットとしている．実際，自然な言語表現では，プロファイルと活性領域がずれている場合のほうが圧倒的に多いが，私たちは参照点構造の活用により，ターゲットとなる活性領域を難なく解釈しているのである．こうした現象が起きる理由を，Langacker は，「意図するターゲットへ聞き手の注意を適切に向けさせる」という意志伝達上の必要性と，「際立ちの高いものについて思

考し，明示的に言語化する」という認知上の傾向との折り合いを，うまくつけられるためであると述べている (Langacker 1993, 30; Langacker 1995, 28).

　このようにして見ると，メトニミーも「プロファイルと活性領域の不一致」という一般的現象の1つであり，その不一致が，比較的顕著に認識できるものであるとみなすことができる．また言い換えれば，一般的な言語表現の多くが，本質的にメトニミー的であるとも言える．Lakoff and Johnson (1980) があげたメトニミーのパターンが，（概念メタファーと同様）思考体系を形成しているということに加え，際立つものを参照点として別の対象を指すという私たちの認知的能力が，メトニミーを普遍的なものにしているのである．

　参照点構造に基づく分析の利点は，メトニミーの非対称性を捉えられることにある．参照点構造では，参照点がターゲットに比べて際立ちの高いものであり，その参照点を経由してターゲットへと注意を向ける．その心的経路は一方向のものであり，参照点とターゲットの役割は入れ替え不可能である．この構造がメトニミーにちょうど対応しており，メトニミーの近接性のパターンにおいて，おのずと際立ちの高い注意の焦点となるものが「参照点」として選ばれて，明示されるのである．たとえば「著者と著作物」のパターンにおいても，参照点となるのは人間である著者であり，(22) の human > non-human という際立ちの原則に則った自然な結果である．

　また，「部分・全体関係」にも，同じように参照点構造が見られる．5.1.3 節で見たように，シネクドキと呼ばれる「部分・全体関係」に基づくメトニミーには，部分 → 全体，全体 → 部分 の両方向のパターンがある．部分と全体は，近接関係にあることに加えて包含関係にあるため，部分を参照点にして全体へアクセスすることも，全体を参照点にして部分へアクセスすることも，容易に行えるためであると考えられる．

(a) 部分から全体へ　　　　　　(b) 全体から部分へ

図 3

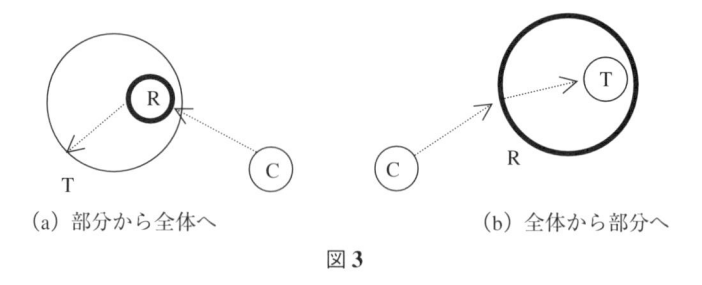

　この時，部分と全体のどちらが際立ち，参照点として選ばれるかは，それぞれのゲシュタルト性(よりよいまとまりを形成するほうが際立ちが高くなる)や，カテゴリーのプロトタイプ，さらに基本レベル・カテゴリーを中心とするカテゴリー階層での位置づけにも関係するだろう．たとえば"the arrow in the tree"の場合，「矢の先」という「部分」よりも，「矢」という「全体」のほうがまとまりを構成しているため，際立ちが高い．また，この状況においては「矢の先」は木の中にあって見えないため，(22d) の visible > invisible の原則も加わり，「矢」全体のほうがより際立ちやすく，参照点として選ばれやすい．

　(15) のように，類と種の関係のメトニミー(シネクドキ)では，カテゴリー階層での位置づけが問題となるだろう．(15a) の「花」，(15b) の「パン」は，いずれも「基本レベル・カテゴリー」であり，私たちにとってもっともアクセスしやすいレベルであるため，参照点として機能するのにふさわしい．そのレベルから，より具体的な「下位レベル・カテゴリー」を指すか，より抽象的・一般的な「上位レベル・カテゴリー」を指すかは，事例によって異なる．「お花見」の「花」が「桜」を指す場合は，基本レベル・カテゴリーから下位レベル・カテゴリーへの連想が働いているが，桜は私たちの文化において春の花のプロトタイプであるため，「花」のカテゴリーの代表として「桜」が非明示的に得られる．また，「パン」で「食物」を指す場合は，基本レベル・カテゴリーから上位レベル・カテゴリーへの連想であり，「食物」の(その文化での)プロトタイプである「パン」が，参照点となっている．

以上から，カテゴリー間の関係である「類と種」のメトニミーには，基本レベル・カテゴリーや典型性が，類あるいは種の際立ち，ひいてはメトニミーの媒体(参照点)の選択に大きく関与していると言える．

5.2.3　認知的際立ちとメトニミー

近接関係にあるもののうち，何が際立つものとして認識され，メトニミーで表現されるかの解明が，メトニミーの研究には重要となってくる．先の (22) にあげた認知的際立ちの原則は，際立ちの高さに関わるさまざまな要因のうちの，ごく一部にすぎない．Kövecses and Radden (1998) は，メトニミーとしての選ばれやすさとして，以下のような原則をあげている．

(24)　人間の経験に由来する選択性
　　　human over non-human　（人間のほうが選択される）
　　　concrete over abstract　（具体的なものが選択される）
　　　interactional over non-interactional　（相互作用的なものが選択される）
　　　functional over non-functional　（機能性の高いものが選択される）

(25)　知覚的な選択性
　　　immediate over non-immediate　（直接的なものが選択される）
　　　occurrent over non-occurrent　（現在起きていることが選択される）
　　　more over less　（量の多いものが選択される）
　　　dominant over less dominant　（優勢なものが選択される）
　　　good gestalt over poor gestalt　（良いゲシュタルトを構成するものが選択される）
　　　bounded over unbounded　（境界のあるものが選択される）
　　　specific over generic　（特定性の高いものが総称的なものより選択される）

(26)　文化的な選択性
　　　stereotypical over nonstereotypical　（ステレオタイプに合うも

のが選択される)
ideal over non-ideal （理想的なものが選択される）
typical over non-typical （典型的なものが選択される）
central over peripheral （中心的なものが周辺的なものより選択される）
basic over nonbasic （基本的なものが選択される）
important over less important （重要なものが選択される）
common over less common （一般的なものが選択される）
rare over less rare （稀なものが選択される）

これらの認知的原則に，次のような意志伝達上の原則も加わる．

 (27) 明瞭さの原則: clear over less clear （明瞭なものが選択される）
 (28) 関連性の原則: relevant over irrelevant （関連性の高いものが選択される）

こうした原則はすべて，「他の条件が同じならば」という但し書きがつくものである．私たちの実際の経験においては，これらの原則の複数が関係するのが普通であり，その時にどの原則が他よりも強く働くかは，場合によって異なっている．たとえば「白バイ」で警察官を指すといったメトニミーの場合，non-human で human を指しているため，human > non-human の原則には適合していない．しかし，白バイが職業手段であるため，その機能性が顕著になり（functional over non-functional），さらにその機能の持つ重要性から（important over non-important），際立つものとして選択されると言える．

 また，何が「重要」となり得るかは，メトニミーが発せられる談話状況によっても異なってくる．次の例を見てみよう．

 (29) カレー，消しておいて！

「カレー」が指しているのは，実際には「カレーの鍋をかけてある火」のことである．この例は，2段階のメトニミーとなっている．まず，「カレー」でカレーの入っている容器である「鍋」を指し，次に「鍋」と位置

的に近接関係にある「火」を指す．このうち前者は，先に見たメトニミーのパターンである「容器で内容物を指す」（例: やかんが沸騰している）の逆になっている点でも，興味深い．一般的に容器でその内容物を指すのは，visible over invisible（Langacker 1995）という原則や，bounded over unbounded（Kövecses and Radden 1998）の原則に動機づけられているが，(29) の場合にその原則がくつがえされているのは，この時の発話者にとって，まさに内容物である「カレー」がもっとも「重要」なものであり，発話時において注意の焦点がそこに向けられているからである．

話者の注意の焦点に関連して，次の例についても見てみよう．

(30) クリームドーナツという呼び名のパンが好きだ．2年前から，K駅のわきにあるコーヒーとパンの店に通う．120円．やわらかくて，おいしい．この店でつくるものが特においしいと思う．どうしても原稿が書けないときとか，書けるなこれはと思ったときなど(矛盾するが)この店に，飛んでいく．ミニバイクで8分．クリームドーナツに到達である．

(『朝日新聞』2001 年 6 月 8 日)

この事例では，下線部の「クリームドーナツ」が，実際には「(そのクリームドーナツを売る)店」を指示しており，一般的パターンである PRODUCER FOR PRODUCT（製造者が製造物を表す）に明らかに反している．この場合は，(30) の話者の注意がクリームドーナツに向けられているため，話者にとって際立ったものとなり，メトニミーの媒体として選ばれている．また，話者の注意がクリームドーナツに向けられていることが，先行文脈から十分にわかるため，私たちはそのメトニミー的用法を自然に解釈することもできるのである．

このように，認知的原則は談話的(意志伝達的)原則によって影響を受けるものの，(29) や (30) のようなメトニミーはその場かぎりの表現であり，やはり生産性のあるパターンではない．参照点としての選ばれやすさには，認知的なレベルでの原則も意志伝達レベルの原則も関与するという Kövecses and Radden (1998) の指摘は，事実そうであると考えられる

が，多くのメトニミー表現を産出する一般的パターンになるものは，彼らが「認知的レベル」と分類する原則に従うものである．それがどのような談話要因によってくつがえされ得るのか，どのような原則がより優先されるのかは，今後のメトニミー研究の課題であろう．

　参照点構造によるメトニミー分析の課題は，「近接性」の概念の規定である．この近接性自体は，モデル（図2）の中で楕円形の「支配域」，すなわち参照点を経由してアクセス可能な範囲に該当するが，この範囲はどのようにして決まるのかを，より明瞭にする必要がある．現在のところ，支配域は，Lakoff and Johnson (1980)，山梨 (1988) などがあげたような慣例的パターンの集合であると考えられ，その点において，Lakoff and Johnson らによるメトニミー・モデルと，Langacker による参照点構造のモデルは，相互に補い合う形をとると言えるだろう．

5.3　認知言語学から見た「近接性」

　どのような意味関係が私たちの「近接性」の概念を構成しているか，その解明は緒についたばかりであるが，認知言語学での主要概念からこの近接性を再構築する試みが，いくつか見られる．その主要概念とは，ICM（理想認知モデル（Idealized Cognitive Model); Kövecses and Radden 1998)，フレーム（Koch 1999, Blank 1999)，スクリプト（Blank 1999)，シナリオ，イメージ・スキーマ（Clausner and Croft 1999) など，研究によって用いられている用語は異なっているものの，それらが私たちの知識や概念に構造を与えるものである点では，一致しているのである．以下では，こうしたアプローチについて概観していく．

5.3.1　ICM，フレーム，スクリプト

　まずはじめに，メトニミーの近接性の基盤となる，ICM，フレーム，スクリプト，シナリオの性質について概観しておきたい．いずれにも共通しているのは，(i) ある事物についての背景的・百科事典的知識の構造であり，(ii) あるレベルで抽象化され一般化された「スキーマ」的なものであり，(iii) 内部構造の複雑さにかかわらず，相互に関連し合う一定のまとま

りを構成しているゲシュタルトとして，私たちの心内に貯えられているものである，という点である．

中でも「フレーム」と「スクリプト」「シナリオ」を比較すると，フレームは「モノ」や「行為」，スクリプトやシナリオは「場面」や「状況」に関する，私たちの共有知識であると言える．これらの用語は，主に認知科学，人口知能の領域で用いられてきたものを踏襲している．

それに対して ICM は，Lakoff (1987) による用語であり，類似した概念として Langacker (1987) の認知モデル (cognitive model) がある．Lakoff (1987, 68) は ICM が知識を組織化しているとし，フレーム的意味 (Fillmore)，スキーマ (Rumelhart)，スクリプト (Schank and Abelson)，認知領域 (Langacker)，メンタル・スペース (Fauconnier) といった概念を包括するものとして，ICM が定義されている．また，Ungerer and Schmid (1996) は，フレーム，シナリオ，認知領域を含めて「認知モデル」(cognitive model) と参照しており，基本的には Lakoff の ICM に等しいと考えてよい．また，Clausner and Croft (1999, 4, table 1) にも，用語の対比がまとめられている．

したがって，ICM を用いるかフレーム，シナリオなどを用いるかは，個々の研究によって違っているものの，そのアプローチは基本的に変わらないものであると考えてよいだろう．以下では，フレームに基づく Koch (1999), Blank (1999) と，ICM に基づく Kövecses and Radden (1998) の分析を例にあげたい．

5.3.2 フレームと近接性

Koch (1999) と Blank (1999) はともに，メトニミーがある実体に関するフレーム的知識内で指示の推移が起こっているものとし，以下のような語義変化を証拠としてあげている．

(31) bar: 'counter' (カウンター) → 'public house' (居酒屋)
(Koch 1999, 140)

(32) L *praecox* 'messenger' → OSp, OPt *pregão* 'message' (Osp = Old Spanish, Opt = Old Portuguese) (Blank 1999, 174)

(33) OF *travail* 'pain' → MF 'work'
ME *travail* 'pain' → ModE *travel* 'journey' (*ibid.*)
(34) OF *disner* 'to have the first meal of the day' → ModF *dîner* 'to have lunch' → 'to have dinner' (*ibid.*)

Koch があげる (31) の例では,「居酒屋」のフレーム内の要素である「カウンター」が, そのフレーム全体を指示するという変化が生じている. これはすなわち, 部分・全体という近接関係に基づくメトニミー的変化である. また Blank は, フレームのネットワークを利用したメトニミーには, (32) から (34) の 3 つのパターンがあると述べている. (32) は「メッセンジャー」から「メッセージ」へという, 同一フレーム内で結びつく概念間での変化である. (33) は上位・下位フレームの間での変化であり, 英語の travel (旅行) もフランス語の travail (仕事) も,「苦痛」を意味する travail に由来するが, ともに「苦痛」から「苦痛をともなう, 骨の折れる作業」に相当する下位フレームへと意味が変化したと言える. また, (34) は「一日の最初の食事」から「昼食」,「夕食」へと, 相互に緊密に関連し合うフレーム間での変化が生じた例である.

5.3.3 ICM と近接性: Kövecses and Radden (1998)

Kövecses and Radden (1998) は, ICM として表示される知識構造にメトニミーが適用され, さまざまな言語現象の基盤となっていることを示している. Koch, Blank が用いたフレームの概念は, 主に実体についての知識を扱っていたが, Kövecses and Radden が示す ICM には, 実体の性質や行為などの関係性が含まれている (ただし先に述べたとおり, これはフレームや ICM 自体の定義を反映したものではなく, フレームであっても関係性は十分に持ち得る点に注意).

彼らが提案するパターンには, 以下の 3 通りがある. Koch や Blank がフレームを用いて述べたパターンも, 結局はこれらに還元されると考えられる.

(i) ICM 全体がその部分を指す.

(ii) ICM の一部がその全体を指す．
(iii) ICM の一部が別の一部を指す．

これらのうち (i) と (ii) は，部分・全体の関係によるメトニミーであり，(iii) は同じ ICM に属する部分同士という意味での，近接関係に基づくメトニミーである．以下では，それら 3 つのパターンを ICM の種類別に見ていきたい．

「尺度」の ICM

「良い・悪い」，「高い・低い」などのような「尺度」(scale) の概念は，一般性の高い ICM の一種である．尺度には正と負の両極があり，多くの場合は，中立的な値や基準値を持つ．

(35a) の動詞 speed は，「速度」という尺度全体を意味するが，この場合は「速度を上げる」という，尺度の上方のみを指しており，(i) の「ICM 全体がその部分を指す」の例に相当する．また，(35b) の old は「年をとった」の意味で，本来は「年齢」という尺度の上方のみを意味するが，この場合は年をとっているか若いかに関係なく，年齢の尺度全体を指示している．このように，尺度の上方 (positive end) によって実際にはその尺度全体を意味する事例は，"How far . . . ?" "How often . . . ?" "How tall . . . ?" など，程度を尋ねる表現に共通している．

(35) a. Henry is speeding again.
b. How old are you?　　(Kövecses and Radden 1998, 51)

また，(iii) の「ICM の一部が別の一部を指す」場合は，たとえば nice が「愚か」という否定的意味から，逆の「良い」という肯定的意味へと歴史的に変化したような，意味の逆転現象に関与していると考えられる．これは，「良さ」の尺度上で，否定的な極から肯定的な極へと指示が移った例である．このように，反対関係を一種の近接性と捉える研究には，Voßhagen (1999) がある．詳しくは 5.5 節を参照のこと．

事態の ICM

　私たちは，事態の成り立ちに関する知識も有している．その中には，原因と結果という因果関係的なものもあれば，ある行為を遂行するための手順など，スクリプトに非常に近い知識も含まれるだろう．この事態の ICM についても，(i)–(iii) の 3 通りのメトニミーが見られる．

(36)　a.　Bill smoked marijuana.　（Radden and Kövecses 1999, 32）
　　　b.　Mary speaks Spanish.　　（Kövecses and Radden 1998, 52）
　　　c.　slow road　　　　　　　 （Radden and Kövecses 1999, 38）

(36a) の「マリファナを吸う」は，マリファナに火をつけて唇にあて，その煙を吸い込む，という一連の動作からなる ICM を持つが，その行為全体の中でも，実際には「マリファナを(肺へ)吸入する」という部分をメトニミー的に意味しており，(i) の「ICM 全体がその一部を指す」例に相当する，と Radden and Kövecses (1999) は分析している．(36b) の「スペイン語を話す」は，もちろん話すだけではなく，読み書きなどの運用力全般を指していると考えられるため，言語運用という ICM の一部でその全体を指すという (ii) の用法になっている．また，(36c) の slow road は，「遅い」車の流れを引き起こす道，という意味であり，「結果」(effect) で「原因」(cause) を表す (iii) の用法になっている．

　事態の ICM に関連したメトニミー的表現として，日本語でも以下のような例があげられる．

(37)　a.　筆をとる．
　　　b.　お茶する．
　　　c.　親の顔が見たい．
　　　d.　「冷蔵庫のカレー，チンして食べてね．」

(37a) は，「筆をとる」ことで開始する，「手紙や原稿を書く」行為を指している(「筆」自体が，「筆記用具全般(鉛筆，ペンなど)」を表すメトニミーでもあるが)．また，(37b) の「お茶する」は，誰かとお茶を飲むだけではなく，お茶を飲みながら話をしたりするという意味で用いられる．つま

り，友達と会って話すという場面の中で際立つ行為のみを明示化して，その場面全体を指すというメトニミーである．また，(37c)の「親の顔が見たい」は，子どもの言動に驚き呆れて，「その子の親に会って(どのような育て方をしたのかなど)話を聞いてみたい」ということの中から，特に「親の顔を見る」だけを取り出したメトニミーである(したがって，「親の顔が見たい」と言われて親の写真を見せても，意味をなさない)．(37d)の「チンする」は，電子レンジで食品を温めることを指すのによく用いられているが，これは温めが完了した時に電子レンジから出される「チン」というお知らせ音によって，温め作業の全体を指すというメトニミーとなっている．

(37)のように，事態の ICM に関連したメトニミーで慣用句となっている表現は多く見られるが，英語でも，以下のような事例をメトニミー的な慣用句とみなすことができる．

(38)　a.　go to school
　　　b.　go to church

これらはいずれも，「学校に行く」，「教会へ行く」という移動の行為だけを表すのではなく，学校へ行って授業を受ける(つまり通学する)，教会へ行って礼拝する，という行為を表す．school, church が無冠詞であることから，それらの「建物」が「機能」を表すというメトニミーと見ることもできるが，動詞句全体として見てみると，授業を受けるには学校へ行き，礼拝をするには教会へ行くことが必要条件であるため，それぞれの行為のICM の一部で全体(あるいは行為の主要目的)を表すメトニミーであるとも考えられる．

5.3.4　フレームおよび ICM の同定はどこまで可能か

以上の Koch (1999), Blank (1999), Kövecses and Radden (1998) らの研究から，メトニミーの基盤である近接性を，フレームや ICM といったゲシュタルト的知識構造内での近接性として捉えるという方向性が示されるが，こうした研究にとって問題となるのは，個々のフレームの成り立

ちゃ規模，フレーム間の組織化，特定の場面におけるフレームの活性化といった，フレームの実体に関わる事柄であろう．実際のところこれらは，私たちの常識をいかにして定式化するかという「フレーム問題」として，人工知能研究に長く存在する難題でもある(フレーム問題についてはDennett (1984), 野家 (1998) を参照)．その解明は言語学の領域を超越するが，逆に，メトニミーという言語的証拠から，フレームのある側面が氷解される可能性もある．

5.3.5 認知領域，イメージ・スキーマとメトニミー

Lakoff (1987), Lakoff and Turner (1989) は，メタファーが2つの異領域間の写像 (mapping across domains) であることに対比させて，「メトニミーに関与する概念領域は1つだけであり，メトニミーの写像(つまり指示関係)は単一の領域内で起こる」(Lakoff and Turner 1989, 102–103) と述べている．Croft (1993) はこの考えを拡張させて，「同じ認知領域マトリックス内での写像」，すなわち，同じ認知領域マトリックス内で焦点をあてる領域を移す，「領域焦点化」(domain-focusing) がメトニミーである，と提案している．Croft 自身述べているように，すべてのメトニミーが領域焦点化に還元されるわけではないが，メタファーと並行して認知領域からメトニミーを考察するという試みは，興味深い．

これまでの研究から，メトニミーが，スキーマ的な性質を持つ知識構造における近接性に基づくことが示されたが，そうした知識構造であるICM，フレーム，スクリプトは，イメージ・スキーマともまた連続性を帯びる．メタファー写像では，不変性原理 (Lakoff 1993) によって示されたように，イメージ・スキーマが保持されていたが，メトニミーにイメージ・スキーマはどのように関わるのだろうか．

事実，これまで述べてきたフレーム，ICM などとイメージ・スキーマは，無関係ではない．たとえば「移動」など「事態の ICM」であっても，「起点─経路─終点」のように，経験において繰り返し生ずるパターンはイメージ・スキーマとして機能する．実際に，Clausner and Croft (1999) は，イメージ・スキーマも ICM，フレーム，認知領域などとして機能し

得ることを指摘している．

メトニミーをよりイメージ・スキーマに引きつけて議論しているのが，Blank (1999) である．Blank は，さまざまな近接性のタイプがスキーマを形成しており，これを「近接性のスキーマ」(contiguity schema) と呼んでいる．メタファーの場合と同様，ある近接性のスキーマが経験的・身体的基盤を持つほど，具体的なメトニミー表現を産出し，また，メトニミー的意味自体が語彙化され，慣用化されることを指摘している (Blank 1999, 183)．

以上から，メタファーとメトニミーは認知領域だけではなく，(イメージ・)スキーマに関しても対照的な関係にあると言える．

	メタファー	メトニミー
認知領域	異種の2つの領域	保持される
スキーマ	保持される	部分・全体関係などに基づいて変化

表 1

5.3.6 イメージ・スキーマ変換とメトニミー

Taylor (1989) によっても指摘されているように，多義性の研究において特に活用されている「イメージ・スキーマ変換」(image-schematic transformation) という意味拡張のプロセスも，メトニミー的であると言える．前置詞 over の表す意味について，Brugman (1981), Lakoff (1987) らの行った研究を，イメージ・スキーマ変換を中心にして再検討した Dewell (1994) から例を見てみよう．

(39a) の over は典型的用法であり，図 4 (a) のような，弧に沿った移動経路であるイメージ・スキーマを持つ．それに対し，(39b) の over はその上方のみを(図 4 (b))，(39c) はその終点のみを(図 4 (c)) 指示しており，典型的イメージ・スキーマの一部分を表すことから，「全体と部分」の関係にあるイメージ・スキーマ変換であると言える．また，(39d) の場合は，図 4 (d) の「覆い」(covering) のイメージ・スキーマの中に，

図4(a)の典型的なイメージ・スキーマが包含されている．つまり，(39a)から(39c)までの例とは逆で，典型的イメージ・スキーマがその「部分」となるような変換である．

(39) a. The plane flew over the mountain.
  b. The painting is over the mantle.
  c. She lives over the hill.
  d. He spread the cloth over the table.

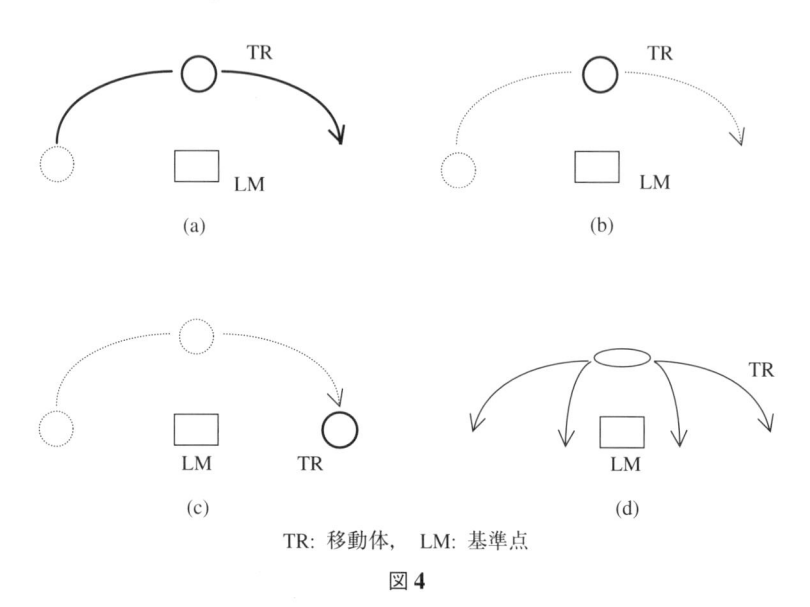

TR: 移動体，　LM: 基準点

図 4

　イメージ・スキーマ変換には当然，他の認知的作用の働きも関与しているが(たとえば(39c)は，実際の移動の経路から主観的移動による心的経路へ変化している)，その変換のあり方をメトニミー的であるとみなすことができるのである．一連の多義性に関する研究 (Brugman 1981; Lindner 1981; Lakoff 1987; Norvig and Lakoff 1987; Dewell 1994) から，意味拡張の主たるプロセスがメタファーとイメージ・スキーマ変換であることが示されているが，それは言い換えれば，メタファーによる領域間写像

と，メトニミー的な意味の推移であり，メタファーとメトニミーが意味拡張において主要な2つの働きであるということが，さらに示されるのである．

5.4 文法とメトニミー

第3章で見たメタファーと同様に，メトニミーも文法に影響を及ぼしている．メトニミーが特定の構文の存在を動機づけていたり，構文間の関係を特徴づけていたりすることを，以下で見ていく．

5.4.1 メトニミー的な動機づけを持つ構文

Langacker (1995) は，参照点構造という認知的プロセスを反映したメトニミー的指示 (=プロファイルと活性領域の不一致) が，次のような「繰り上げ構文」(raising construction) にも見られると分析している．

(40) a. I expect Don to come. (I expect that Don will come.)
    b. Don is likely to come. (That Don will come is likely.)
    c. Don is easy to please. (To please Don is easy.)

(40a) で用いられている動詞 expect (予期する) は，本来 "(that) Don will come" のような事態を，ランドマーク (2番目に際立つ要素で，文法関係では目的語に対応する) とする．また，(40b) の likely (ありそうな，起こりそうな)，(40c) の easy (容易な) といった形容詞は，"(that) Don will come", "to pelase Don" のような事態を，トラジェクター (もっとも際立つ要素で，文法関係では主語に相当する) に選択する．繰り上げ構文は，本来のトラジェクターやランドマークである「事態」の中から，際立つ参与者を選び出して参照点とし，ターゲットとなる実際の事態を補文で表す構文である，と Langacker (1995) は分析している．このように，ある際立つ参与者を参照点として，それが参与する事態をターゲットとする参照点構造を含む点において，繰り上げ構文はメトニミー的であると言える．(詳しい解説は本モノグラフシリーズ第1巻『ことばの仕組みを探る』の第4部を参照．)

繰り上げ構文が特に「メトニミー的」になるのは，次のように補文が省略されている場合である．

(41) This book is easy.
(42) Q: Who will come to the party?
　　　A: Don is likely.
(43) I expect an earthquake.

(41)では，「この本」に何を行うのが容易であるのか(読む，売る，運ぶなど)，明示されてはいないが，文脈から推論して導き出すことができる．この場合は，「本」に関するフレーム的知識と文脈との相互作用によって，本に関わる特定の行為がメトニミー的に指示されていると考えられる．(42)では，先行発話から「ドンがパーティに来る」という事態が起こる見込みが，実際には指示されていることが理解され，また(43)では，特定の文脈が与えられなくても，earthquake(地震)という出来事名詞(eventive noun)が用いられていることから，地震という出来事が起こるという事態が実際に予期されている，と理解することができる．

5.4.2　構文文法でのメトニミー的構文拡張

第3章の3.5.2節では，メタファーによる構文の拡張について述べたが，メトニミーによると考えられる構文の拡張も生じている．ここでは，構文文法で提案されている構文間のリンクのうちいくつかを，メトニミーと関係づけて述べてみたい．

Goldberg (1995)は，構文も語彙と同様に多義性を帯びることを指摘し，たとえば二重目的語構文は，中心的意味 (44a) からの拡張として (44b-f) のような意味を持つと述べている．

(44) a. 'X CAUSES Y TO RECEIVE Z'　［中心的意義］
　　　　 Joe gave Sally the ball.
　　 b. 充足条件が 'X CAUSES Y TO RECEIVE Z' を含意
　　　　 Joe promised Bob a car.
　　 c. 'X ENABLES Y TO RECEIVE Z'

Joe permitted Chris an apple.
- d. 'X CAUSES Y NOT TO RECEIVE Z'
Joe refused Bob a cookie.
- e. 'X INTENDS TO CAUSE Y TO RECEIVE Z'
Joe baked Bob a cake.
- f. 'X ACTS TO CAUSE Y TO RECEIVE Z at some future point in time'
Joe bequeathed Bob a fortune.　　（Goldberg 1995, 75）

このように，同一形式に結びつく複数の意味を関係づけるのが，「多義性のリンク」(polysemy link) である．

(44)の多義性は，(44a)の中心的意義の一部分が交替したり，新たな意味側面が加わることによって生じている．このような意味拡張は，5.3.6 節で見たイメージ・スキーマ変換に類似しており，構文間の多義性のリンクによって捉えられる現象も，実際にはメトニミー的であると考えることができる．

また，Goldberg が提案する構文拡張の 1 つである「部分関係のリンク」(subpart link) は，まさに部分・全体関係のメトニミー(シネクドキ)である．この場合は，その構文の意味だけではなく，形式もともに部分・全体関係を形成している．たとえば移動使役構文 (caused-motion construction) は，(45a)のように他動詞を用いて，モノの移動を引き起こす (X CAUSES Y TO MOVE Z) という意味を表す（⇒ 3.5.2）．この例からわかるように，用いられる他動詞自体には移動の含意がなくても，構文の側から「移動」の意味が生み出されるのが特徴的である．(46)の自動詞用法は，形式的にも意味的にも，他動詞による移動使役構文の一部分となっている．(45b)の動詞 squeeze と同様，(46)の動詞 float も，それ自体は移動を含意しないが，自動詞の移動使役構文に用いられることによって，前置詞句に指示された経路上の移動を意味している．

(45)　a.　Joe kicked the ball into the yard.
　　　b.　Frank squeezed the ball through the crack.
　　　　　　　　　　　　　　　　（Goldberg 1995, 153）
(46)　The bottle floated into the cave.　　　（*ibid.*, 160）

Goldberg 自身は，これらのリンクをメトニミーとして扱ってはいないが，構文を語彙と同様，形式と意味の対応物であるとみなすならば，語彙に見られる意味的現象が構文に生じることは，容易に予測できる．したがって，構文の意味拡張にもメトニミー的転義が起こっている可能性は十分にあり，それに相当するのが，「多義性のリンク」と「部分関係のリンク」である．構文の持つ抽象的意味の一部が交替することにより，新たな意味が生じるという過程は，イメージ・スキーマ変換に通じており，メトニミーの観点から文法と語彙の相同性が，よりいっそう保証されることになる．

5.5　近接性としての「反対関係」：メトニミーとアイロニー

　最後にこの節では，「反対関係」(opposition) からメトニミーを考察し，アイロニーとの関わりについて見る．

　5.3.3 節で見たように，Kövecses and Radden (1998) は，尺度の ICM が近接性を構成しているとして，たとえば How old...? や How fast...? のような表現は，尺度上の 1 つの極によって実際には尺度全体を指示している，と分析していた．

　この流れに沿って Voßhagen (1999) は，反対関係が同一尺度上の両極間にあることから，一種の近接関係であるとみなし，そのような反対関係に基づく転義は，メトニミー的であると分析している．実際，以下にあげる事例のように，歴史的に意味が逆転した語義は珍しくないが，こうした逆転現象が生じる理由を，メトニミーというより広汎な現象に還元させることができる．

(47)　a.　*wicked*: 'excellent in any way; potent; strong; capable'
　　　b.　*insane*: 'positive, healthy state of mind'
　　　c.　*evil*: 'wonderful; specifically, thrilling, very satisfying'
　　　d.　*big idea*: 'an unwelcome suggestion, proposal, or action'
　　　　　　　　　　　　　　　　　　　（Voßhagen 1999, 292–297）

　Voßhagen はさらに，反対関係の認識について考察することにより，意

味の逆転現象が生じるメカニズムの説明を試みている．反対関係には，図5 (a) の「良い」，「悪い」のように段階性のあるタイプと，図5 (b) の「生きている」，「死んでいる」のように中間段階のない，まったく相補的なタイプがある（Voßhagen 1999, 293–294）．

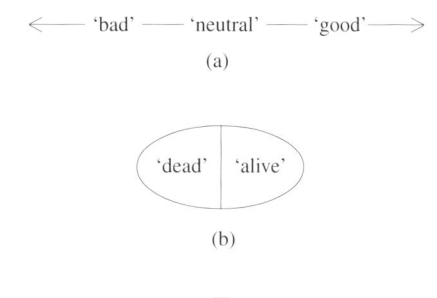

⟵ 'bad' ―― 'neutral' ―― 'good' ⟶
(a)

'dead' | 'alive'
(b)

図5

図5 (b) のように相補的な場合であれば，反対関係が概念的に隣り合う近接関係であることが明確であるが，図5 (a) のような段階的な場合，なぜ中間段階を飛ばして反対極への転義が生じるのだろうか．その理由としてVoßhagenは，「二価志向性」（two-valued orientation）をあげている．それは，(a) のような段階的な反対関係であっても，あたかも (b) のように相補的な関係として捉えようとする傾向を指す．たとえば，「悪くない」という控えめ表現が「良くも悪くもない」ではなく，むしろ「良い」を意味するものと解釈されるのは，そうした傾向のためである．そのため，(a) のような段階的反対関係であっても，一極から反対極への転義が生じやすくなるのである，とVoßhagenは説明している．

実際に，反対関係が近接的関係であり，想起しやすいということは，語彙プライミング効果（lexical priming effect）の実験結果からも明らかである(cf. 阿部他1994)．語彙プライミング効果とは，連想関係にある語同士が持つ効果のことである．実験では，ある単語を刺激語として被験者に示し，そこから連想される語を答えてもらうことにより，プライミング効果の高さを測定する．その結果，刺激語に対しての反応語として他より顕著に多かったのは，「男」に対する「女」，「長い」に対する「短い」など

の反意語であった（プライミングに関する諸実験データについては，阿部他（1994，第3章）に概要が述べられている）．このようにプライミング効果が高いということは，2つの語が緊密な連想関係にあることを意味し，反対関係が，実際には想起しやすい近接的関係であることが示されるのである．

なお，反対関係に基づく表現には，ほかに(48)のような「アイロニー」(irony) がある．

(48) a. ［ひどいことをした人を指して］「あいつは本当にいい友達だ.」
b. ［ピクニックへ行こうとした時，どしゃ降りの雨を見て］"What lovely weather!"（なんていいお天気でしょう！）

アイロニーも，(典型的には)文字どおりの意味の逆を意図するという点で反対関係に基づくが，Voßhagen (1999) が述べるように，アイロニーは，発せられる文脈・状況や対人関係などに解釈を依存することが多く，また反対関係によらないアイロニーも存在するなど（たとえば，目の前でドアを閉められた時に言う "Thanks" など．Sperber and Wilson (1981) による関連性理論のエコー分析については，本モノグラフシリーズ第21巻『関連性理論の新展開』を参照），反対関係的なメトニミーとして完全に還元することはできない．しかし，反対関係的な逆転という点では，たしかにメトニミーとアイロニーの関連性を見出すことができる．たとえば，(49)にあげる語や慣用句の意味の変化は，アイロニー的な意味合いが慣習化し定着した結果によるものと考えられている．

(49) a. We're in a *nice* mess now. （困ったことになっている．）
b. *Good luck*！（どうせだめだろうが，頑張ってみたら．）
c. *Fat* chance. （見込み薄だ: fat の文字どおりの意味は「肥えた，豊かな」）

また，瀬戸 (1997) があげるように，日本語でも過剰に丁寧な表現には，アイロニー的意味合いが定着しているものがある．

(50) お偉方，ご立派な，ご大層な

このように，意味が逆転する現象は，反対関係の近接性に加えて，アイロニー的使用が定着することによって促進されるものと考えられ，ここにメトニミーとアイロニーの接点が見受けられるのである．

第6章
メタファーとメトニミーの接点

　これまでの章で，メタファーとメトニミーを認知意味論の観点から詳しく見てきたが，その特徴を簡潔に述べると，メタファーは類似性や共起性に動機づけられる「領域間の写像」であり，メトニミーは「概念的近接性」に基づく参照点構造として機能していると言える．

　メタファーとメトニミーが果たす役割や作用は，このように異なっているが，事実，メタファーとメトニミーは常に比較対照され，私たちの連想の種類を代表する修辞法とみなされてきた．Jakobson (1956) は，言語の主軸をなす2つの関係として，類似性に基づく範列的関係 (paradigmatic relation)，近接性に基づく統辞的関係 (syntagmatic relation) をあげ，前者がメタファー，後者がメトニミーの性質であるとし，メタファーとメトニミーが人間の連想の主要な2タイプを体現していることを示唆している．また，パースの記号論でも，無契の記号であるシンボル (symbol) に対する有契の記号が，類似性に基づくイコン (icon) と近接性に基づくインデックス (index) の2種類に分類されることからも，これら2つの意味関係がいかに重要であるかがわかる．

　しかし，メタファーに深く関係する類似性と，メトニミーの源である近接性は，対立し合う意味関係ではない．むしろ，ある側面で両者が重なり合い，緩やかな連続体をなしていることを，この章で示していく．メタファーとメトニミーとにどのような点で連続性や曖昧性が見出されるか，基盤となる意味関係の性質や認知的作用から考えていく．

6.1 「属性」に関わる表現

6.1.1 属性によるメタファーとメトニミー

　ある人やモノの属性に着目した表現は多いが，それがメタファーであるかメトニミーであるかは，しばしば曖昧である．次の例を見てみよう．

　（1）　りんごのほっぺ

(1) の表現は，「りんごのようなほっぺ」を意味すると考えれば，類似性によるメタファーである．この場合，「りんご」の持っている属性のうち，一次的には「赤さ」，副次的には「つややかさ」，「まるさ」，「かわいらしさ」などが，人間の身体部位である「ほっぺ」に投射されている．

　それに対し，人やモノとその属性との関係を「近接性」とみなし，したがってメトニミー的であるとみなす分析もある．Kövecses and Radden (1998) は，カテゴリーが属性の集合であると捉え，カテゴリーと属性の関係は一種の全体・部分関係であると述べている．次の例を考えてみよう．

　（2）　He's a second Chomsky. （彼は第二のチョムスキーだ．）

Kövecses and Radden (1998, 53–54) は，(2) のような事例が CATEGORY-FOR-PROPERTY（カテゴリーがその属性を表す）というメトニミーの下位類であり，ある著名人の名前によって，その人に特徴的な属性を指し示していると述べている．(2) で second Chomsky と呼ばれる言語学者は，Chomsky の持つ属性である「卓越した知性，カリスマ性」などを備えていると解釈されることになる．

　その一方で，(2) の事例は，見方を変えればメタファーである．"as if"（あたかも～である）という解釈が可能ならばメタファーである，という Goossens (1995) の判定法を援用すると，(2) は，「彼はあたかも第二のチョムスキーのようだ」という「類似性」に着目した表現とみなされるからである．また，(2) の Chomsky が，属性を指し示すメトニミーであるとしても，実際に (2) の表現全体が言及しているのは属性そのものではなく，そうした属性を兼ね備えた (Chomsky とはまた別の) 言語学者であ

る．つまり，もしメトニミーとして分析するならば，Chomsky から「卓越した知性」をメトニミー的に指示し，それからさらに「その属性を持つ別の言語学者」を指示しなくてはならないので，2段階の処理を行うことになり，経済的とは言えない．このことからも，(2) の表現はやはりメタファーが関与していると考えたほうがよいであろう．

　(2) のような事例が実際にはメタファーであると考える根拠として，同様に，人・モノと属性の関係に着目した以下の例について考えてみよう．

（3）　a.　彼は日本のチョムスキーだ．
　　　　b.　彼女は言語学会の松田聖子だ．

これらはいずれも，「チョムスキー」，「松田聖子」の属性に注目し，それらと同じ属性を持つ日本の言語学者，言語学会の女性に対応させることで解釈が得られる．

　ここで重要なのは，(3a) と (3b) において「チョムスキー」，「松田聖子」の領域が大きく交替していることである．それに対して以下の例のように，「チョムスキー」，「松田聖子」の空間的な領域や所属の領域が交替しない場合，結果的に不自然な表現となる．

（4）　a. ?彼はアメリカのチョムスキーだ．
　　　　b. ?彼は言語学会のチョムスキーだ．
　　　　c. ?彼女は日本の松田聖子だ．
　　　　d. ?彼女は芸能界の松田聖子だ．

もし先の (3a) で，「チョムスキー」が「チョムスキーの持つ属性」を指すメトニミーであるとするならば，(4a) の「アメリカのチョムスキー」も，「アメリカに在住する(別の)偉大な言語学者」を指す表現として成立するはずである．しかし実際にこれらの表現が不自然であることから，(3a) や (3b) の類の表現もまた，ある属性を保持しながら領域交替が生じているメタファーであるとみなすほうがよいだろう．

6.1.2 動詞によるメトニミー

動詞によるメトニミー (verbal metonymy) として分析されている事例にも同様に,「属性」にまつわる曖昧さが見られる.

(5) a. He fathered many children. (彼はたくさんの子どもに父親らしく振る舞った.) （東森 1996, 81）
  b. I met a girl at the coffee house who did an Elizabeth Taylor while I was talking to her. （喫茶店で会った女の子は，私と話している間，エリザベス・テイラーをした.）
             （Gibbs 1994, 430–431）
  c. While I was taking his picture, Steve did a Napoleon for the camera. （スティーヴは，私が彼の写真を撮っている間，カメラに向かってナポレオンをした.）　　（東森 1996, 79）

東森によると,（5a）の名詞由来動詞 father は,「父親」が行うべき行為（子どもと遊ぶ, 子どもをしつける, 子どもの勉強をみる, など）のうちの1つを意味しているという点で, メトニミー的であると分析される. また,（5b）,（5c）も同様に, Elizabeth Taylor や Napoleon といった人物に特徴的なしぐさの中から, ある特定の1つを意味するため, メトニミー的である. つまり, これら名詞由来動詞の場合も, 行為的な属性の集合から特徴的な1つを指示するという点で, 6.1.1節で見た属性に関わる表現と同じである.

その一方で,（5）のような表現をメタファーと解釈することもできる.（5a）は, 実際に父親でない人がその日だけ父親らしく振る舞い, その役目を果たしたと解釈すれば,「父親」との類似性によるメタファーである. また,（5b）と（5c）についても an Elizabeth Taylor, a Napoleon という名詞句だけに注目するならば, 人物名によってそれらの特徴の1つを指すメトニミーと解釈できるが, did an Elizabeth Taylor, did a Napoleon といった句レベルで考えると,「あたかもエリザベス・テイラー（ナポレオン）のように振る舞う」と解釈されるため, 類似性に基づくメタファーと言える. このように, 行為に関わる属性であっても, メトニミーにもメタ

ファーにも解釈可能となるのである．

6.1.3　近接性としての類似性

「類似性」という概念自体が一種の「近接性」である，とみなすことも可能である．なぜなら，「A と B が似ている」ということは，「A と B が (性質や特徴などにおいて)近い」ということを含意し得るからである．実際に Warren (1999) は，メトニミーの媒体と主意を結びつける近接関係の中に「類似性」を含めており，その例として次のような表現をあげている．

(6)　Ann has her father's eyes. [eyes like those of her father]　(アンは父親の目を持っている．[父親そっくりの目をしている])

(Warren 1999, 130)

(6)の場合，アンの目と彼女の父親の目が類似していることから，父親の目と彼女の目が「近接した」関係にあるということになり，それを利用したメトニミーであるということになる．類似性が「属性」を介した近接関係であるとすれば，「属性」に関係する表現がメタファーかメトニミーかという曖昧性が，ここでもふたたび見られることになる．

では，こうした事例がメタファーであるかメトニミーであるかの判断は，どのように行ったらいいだろうか．Warren (1999) は，メタファーの場合，複数の属性の写像があるのに対し，メトニミーでは単一の属性に注目しているという区別を提案している．

これに関連して鈴木 (1996) は，一見すると属性に着目した表現であっても，単一の属性が取り上げられているわけではなく，複数の属性が写像されていると指摘している．鈴木によると，(1)の「りんごのほっぺ」は，単に「赤い」という属性だけを想起させるのではない(そのため，ペンキで赤く頬を塗った人に対して「りんごのほっぺ」とは言わない)．「つややかだ」，「新鮮だ(若々しい)」といった複数の属性が同時に喚起され，写像されている．さらに，「新鮮なものはあざやかな色をしている」という，属性相互の関係もまた写像されているとも考えられる(鈴木 1996, 18)．

(6) の場合でも,「アンの父親の目」が持つ属性のうち, ある特定の1つが喚起されているのか複数が喚起されているのかは定かではなく, 前提や状況, 文脈によっても異なってくるだろう. つまり, (6) の表現は定義上, メタファーにもメトニミーにもなり得る境界線的な事例であると言え, ここにもメタファーとメトニミーの連続性が見出されるのである.

6.2 メタファーのメトニミー的基盤

6.2.1 共起性とプライマリー・メタファー

第3章で見たように, メタファーは「領域間の写像」であり, 起点領域と目標領域の間に対応関係を結ぶことで成立する. このように捉える理由として, メタファーが必ずしも類似性だけではなく, 共起性にも基づいているという理由があった. たとえば MORE IS UP のような場合, メタファーの起点領域と目標領域の間には何ら類似性はなく,「量が増える」(MORE) ことと「嵩が上がる」(UP) という2つの経験が共起することにより, 両者の間に対応関係が結ばれ, メタファーを構成していることを見た.

このような経験的共起性は実際にメトニミー的である, と Radden (2000) は述べている. また, 第4章で述べた Grady (1997a) が提唱するプライマリー・メタファーも, すべて経験的な共起性を前提にしている. その例のいくつかを以下に再掲する.

(7) a. AFFECTION IS WARMTH （愛情は温かさである）
"They greeted me warmly." （彼らは私に温かく挨拶をしてくれた.）
原初的経験: 愛情を持って抱かれている時に温かさを感じる.
b. HAPPY IS UP （楽しいことは上である）
"I'm feeling up today." （今日は気分が上々だ.）
原初的経験: 嬉しく元気に感じている時の, 真っ直ぐな姿勢.
c. MORE IS UP （量が多いことは上である）
"Prices are high." （価格が高い.）
原初的経験: 量が増えたり減ったりする時に, 積み重ねたも

のや流動体の嵩(かさ)が上昇あるいは下降するのが見える.
(Grady 1997a, Appendix)

これらのメタファーは,まさに経験の共起性に由来しており,その基盤は近接性,したがってメトニミー的であると言える.第4章でもふれたように,人間の発達の初期段階では,経験が「合併」(conflation)した状態であると想定される(C. Johnson 1997).この時,プライマリー・メタファーの起点領域(S)と目標領域(T)は混沌とした1つの経験であり,その時点でははっきりと2つの領域に分化していない.下の図1では,stage Iに相当する段階である.その時には実質上,メタファー的な写像は起こっておらず,この段階では「メトニミー」と呼ぶのが適切かもしれない.しかし,のちに別々の2つの概念領域へと区別がなされた時——たとえば「量が増える」ことと「嵩が上昇する」ことは別の種類の出来事なのだと認識できた時,1つの領域から別の領域への写像が起き,メタファーとして機能することになる.これが図1のstage IIの段階である.

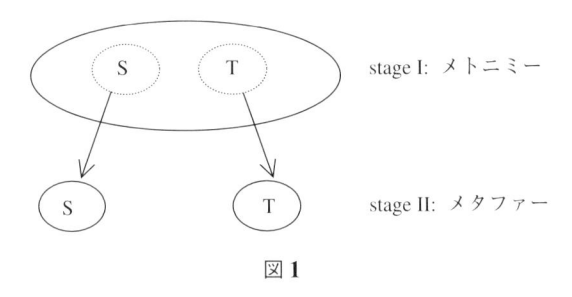

図1

以上から,ある表現や概念がメタファーであるかメトニミーであるかの区別は,それをどのような分化段階で見るかにもよると言える.この点は,次の節で見る「共感覚比喩」で,より微妙なものとなるだろう.

6.2.2 共感覚比喩表現

前節で見たプライマリー・メタファーと同じことが,第1章でもふれた「共感覚比喩」(synaesthesic metaphor)にも言える.この共感覚比喩表現については,Ullmann (1962)の記述に始まり,Williams (1976),山梨

(1988)などの研究から，感覚間の転用関係に次のような非対称的パターンが存在することが明らかにされている(図はWilliams (1976)による).

(8)　触覚　→　味覚　→　嗅覚　　　次元　→　色彩
　　　　　　　　　　　　　　　　　　　　　↕
　　　　　　　　　　　　　　　　　　　　　音

共感覚比喩の可能なパターン，不可能なパターンの例を，いくつか以下にあげる．おのおの，形容詞が他感覚を表す名詞に転用されている．

(9) a. やわらかい味　［触覚 → 味覚］
　　 b. やわらかい声　［触覚 → 聴覚］
　　 c. 固い音　［触覚 → 聴覚］
　　 d. 甘い香り　［味覚 → 嗅覚］
　　 e. 明るい声　［視覚 → 聴覚］
(10) a. *明るい手ざわり　［視覚 → 触覚］
　　 b. *静かな味　［聴覚 → 味覚］
　　 c. *うるさい香り　［聴覚 → 嗅覚］

　共感覚表現は，これまで主にメタファーとして分析されてきた．たとえば(9a)の「やわらかい味」の場合，触覚という領域での「やわらかさ」の感覚が，味覚という領域での経験に何らかの点で合致しており，したがって両感覚領域の間に類似性があるため，「やわらかい味」という表現が成立するのだと考えれば，定義上メタファーであると言える．また，(8)に示した転用関係の非対称性を見ても，他感覚へ転用されやすい感覚ほど直接的，具体的で，原初的な感覚であり(山梨1988)，「具体的な領域から抽象的な領域へ」と写像が起こるメタファーの特性に符合している．

　その一方で，共感覚表現の中には，経験的な共起性に基づくと思われるものも少なからずある．以下の例を見てみよう．

(11) a. 甘い香り　［味覚 → 嗅覚］
　　 b. こうばしい音　［嗅覚 → 聴覚］
　　 c. 固い音　［触覚 → 聴覚］

(11a)の「甘い香り」は，味覚と嗅覚の連動性に基づいているように思われる．私たちは，甘い味を知覚する時，同時にそれにともなわれる香りも知覚する．また，(11b)の「こうばしい音」は，ポップコーンなど，こうばしい香りが立つものができる時の音を表現するさいに用いられるが，これも香りの知覚と音の知覚の共起性に動機づけられている．さらに(11c)の「固い音」の場合，それが「固い物を叩く時に出る音」からの連想であるならば，「固い」という触覚的経験と，同時に生ずる音の知覚の共起に基づいていると考えられる．

(11)のような例は，共起し合う1つの知覚で他の知覚を指示するメトニミー，と分析したらよいだろうか．それとも，(9)の例と同様に，メタファーと分析したらよいだろうか．こうした共感覚表現も，6.1節で見た属性に関わる表現と同様，見方によって分類が変わってくることになる．もし「触覚」，「視覚」，「聴覚」などの感覚が，それぞれ分離した概念領域であるとすれば，領域の変換が生じているという点で，メタファーと言える．その一方で，これらの感覚がより高次の感覚領域に統合され得るならば，単一の領域内で指示が転移する，メトニミーであるということになる．

プライマリー・メタファーの場合と同様に，発達初期段階においては，いくつかの感覚が混沌とした未分化な状態で知覚されているようである．岩田(1988)は，乳幼児が感覚相互を重ね合わせた知覚経験をしていると述べている．たとえば，1歳前後の子どもに音と図形を同時に提示した実験では，子どもは連続音を聞かせた時に連続線を，非連続音を聞かせた時には波線を注視する傾向にあると言う(Wagner et al. 1981)．これはすなわち，初期段階において私たちは，感覚相互を重ね合わせた共感覚的な知覚経験を行っているということである．そうした段階から，認知的発達にともなって，おのおのの感覚が分離したものとして認識されるようになり，この時に「異領域間の写像」として成立することになる．

以上のように，領域交替の有無という定義に即してみると，共感覚表現にも，メタファーかメトニミーかの判別が難しい事例があり，両者の連続性がふたたび示唆されるのである．

6.3 メタフトニミー：メトニミーとメタファーの相互作用

前節で述べてきたように，プライマリー・メタファーや共感覚表現からメタファーとメトニミーの接点が見出されるが，これらは同時に，メタファーが近接性や共起性というメトニミー的基盤から生じ得ることを支持している．

このことに関連して，Goossens (1995) は，メトニミーとメタファーが相互に作用した「メタフトニミー」(metaphtonymy) が存在するとして，主に以下のようなパターンを観察している．

(12) a. メトニミーからのメタファー （metaphor from metonymy）
b. メタファー内のメトニミー （metonymy within metaphor）
c. メタファー内部の脱メトニミー化 （demetonymization inside a metaphor）

(12a) の「メトニミーからのメタファー」の例に相当するのが次の (13) である．

(13) "Oh dear," she giggled, "I'd quite forgotten."　（「あら」，彼女はくすくす笑って言った．「すっかり忘れていたわ．」）

(Goossens 1995, 164)

(13) で用いられている動詞 giggle は，本来「(くすくす)笑う」という意味であるが，ここでは単に「笑う」ではなく，その前後の文脈からも，「言う」に置き換え可能な意味として用いられていることがわかる．この時の解釈には 2 通りある，と Goossens は述べている．1 つは，giggle が「笑いながら言う」(say while giggling) を意味しており，この場合は，「笑う」と「言う」という 2 つの行為の共起性に基づいているため，メトニミー的である．もう 1 つは，「くすくす笑っているかのように言う」(say as if giggling) という解釈であり，この場合は，「言う」という行為の様態が「笑う」という行為に類似している(つまり，実際には笑いながら言っているわけではない)ことによるため，メタファー的である．しかし，

このメタファー的解釈はメトニミー的解釈に由来している，と Goossens は述べている．それは，「くすくす笑うかのように言う」という認識が，実際には「くすくす笑いながら言う」という，同時の行為からの類推であると思われるからである．このような理由から，Goossens は giggle を，「メトニミーからのメタファー」であると特徴づけている．

次に，(12b) の「メタファー内のメトニミー」の例をあげる．

(14)　I should / could bite my tongue off.　　(Goossens 1995, 170)

"bite one's tongue off" は，文字どおりにとれば「舌を噛み切る」であるが，この場合は「今言ったばかりのことに対して申し訳なく思う」ことを意味している．(14) のように仮定法で用いられることからわかるように，「舌を噛み切る」という行為は実際の日常経験では行わないが，誇張的に「自己処罰」，この場合は「話す能力を失わせる」ことをメタファー的に表していると考えられる．ここではさらに，「話す能力」が「舌」によってメトニミー的に指示されている．これが「メタファー内のメトニミー」である．

最後に，(12c) の「メタファー内部の脱メトニミー化」は，(15) のような事例が相当する．

(15)　pay lip service　　　　　　　　　(Goossens 1995, 171)

(15) は，「ことばのうえでだけは支持し，実際はその逆」という意味である．lip (唇) は (14) の場合と同様に，「ことばを話す」ことをメトニミー的に指示している．Goossens は，(15) の用法をより的確に捉えると，lip service が「唇でのみの支持であるかのような」というメタファーであり，「唇」と「話すこと」のメトニミー的関係が分離していると言う．これが「メタファー内部の脱メトニミー化」である．

一般的に見受けられるパターンは以上の 3 つであるが，理論的に (12a) の逆の「メタファーからのメトニミー」や，(12b) の逆の「メトニミー内のメタファー」が存在してもよいはずなのに，実際には非常に事例が稀である．その理由として Goossens は，まず (12b) の逆の「メトニミー内

のメタファー」は，表現全体をメタファー化してしまい，本来のメトニミー的読みが保持されにくいため起こらないと述べている．そして，(12a) の逆の「メタファーからのメトニミー」が稀である理由は，メタファーが本来は別々の2つの領域があることを写像の前提とするのに，それを同一の領域に属していると再解釈するのが難しいためであると言う (Goossens 1995, 171-172)．それに対して，(12a) の「メトニミーからのメタファー」のパターンが一般的であるのは，メタファーを動機づける「類似性」の知覚が，ある2つのものが同一の領域内で近接関係にあるという認識に基づいているためである，と述べられている (Goossens 1995, 173-174)．

　Goossens が述べるように，メタファーの基盤となる「類似性」と，メトニミーの基盤となる「近接性」そのものに，概念的な連動性があるため，両者の複合形や，区別が曖昧なものが生ずると考えられる．特に (12a) の「メトニミーからのメタファー」は，6.2節で述べたように，近接性がメタファー的な写像の基盤となるという方向性とも連関しており，類似性と近接性の相互作用の1つのあり方を示していると言えるだろう．

6.4　意味拡張，概念構築におけるメタファーとメトニミーの役割

　これまでは，メタファーかメトニミーかの区別がつきにくい事例や，両者の複合形と分析される場合について，その基盤となる意味関係から考察してきた．次に，メタファーとメトニミーが，意味拡張や概念構築における主要な要因であることを述べていく．第5章の5.3.6節で見たように，イメージ・スキーマ変換がメトニミー的であるとみなした場合，意味拡張の要因は，ほとんどがメトニミーあるいはメタファーに分類されると言ってよい．このことから，メタファーとメトニミーが多義性や語義変化において果たす役割の重要性は，十分に示されているだろう．

　さらに，言語の意味を超越し，抽象概念の理解やモデル化そのものがメタファーやメトニミーによって構成されている場合がある．そのことを端的に示す例として，Kawakami によるニックネームの分析と，Lakoff, Kövecses による感情表現の研究を順に見ていこう．

6.4.1 ニックネームに見られるメタファーとメトニミー

Kawakami (1996) は，日本語に見られるニックネームを観察し，参照点構造による分析を行っているが，実際にニックネームの事例の多くが，メタファーないしはメトニミーであることが示されている．(16) の例は，類似性に着目しているためメタファーであり，(17) の例は，身につけている衣服の特徴など何らかの近接関係に着目しているため，メトニミーである．

(16) a. キノコ　（髪型がマッシュルームカットのため）
　　 b. カメ　（カメのように動作が鈍いため）
　　 c. 先生　（物知りのため）
　　 d. 課長　（服装が課長っぽいため）
(17) a. しましまくん　（いつもしま模様の服を着ているため）
　　 b. 黒服　（いつも黒い服を着ているため）
　　 c. スマイル　（いつもにこにこ笑っているため）
　　 d. カツンコツン　（ハイヒールを履いて歩く時に出る音から）

興味深いのは，次にあげるように，指示が 2 段階になっている事例である．

(18) a. 王将　（村田英雄に似ているため）
　　 b. ポン　（タヌキに似ているため）

(18a) の場合，「王将」は村田英雄の代表曲であり，(18b) の「ポン」は，タヌキが腹鼓を打つ時に出る（と思われている）音である．いずれも，指示対象となる人物に似た人（動物）を同定し，さらにその人（動物）に近い関係にあるものをニックネームとして選び出しているのである．すなわちこれらは，メタファーを経てからメトニミーを用いることによって生産されているニックネームである．

また，メトニミーからメタファーという 2 段階の指示を持つニックネームも不可能ではないが，実際には機能し難いようである．たとえば (17a) のように，いつもしま模様の服を着ている人が「シマウマ」，(17b) のように，いつも黒服を着ている人が「カラス」と呼ばれる可能性もあるが，

その場合，メトニミー的に指示された衣服との類似性と言うよりも，そのような衣服をつねに身につけているというその人の特徴自体が，シマウマやカラスに類似していることになるので，メトニミーを経ていると言うよりは，直接的にメタファーを用いていると言えるだろう．この点は，前節で見たように，「メトニミーからのメタファー」が一般的であるという Goossens の観察にも通じている．逆に言えば，ニックネームは，一般的には生じ難いとされる「メタファーからメトニミーへ」というパターンを利用して，指示対象の隠匿性を高めていると考えられるのである(実際ニックネームは，その名で呼ばれている人に気づかれずに用いられることが多いものである)．

6.4.2 感情のメタファーとメトニミー

私たちの感情の理解そのものがメタファーやメトニミーに依存していることを明らかにしたのが，Lakoff (1987) の事例研究，および Kövecses (2000) による広範な感情表現の研究である(なお，Lakoff の研究自体も Kövecses の研究に負っている)．たとえば Kövecses は，「怒り」に関して以下のような概念メタファーが存在すると述べている．

(19) a. ANGER IS A HOT FLUID IN A CONTAINER （怒りは容器の中の熱い流動体である）
She is boiling with anger. （彼女は怒りで煮えくり返っている．）
b. ANGER IS FIRE （怒りは炎である）
He's doing a slow burn. （彼は徐々に燃えている＝怒っている．）
c. ANGER IS INSANITY （怒りは狂気である）
The man was insane with rage. （その人は怒りで気が狂った．）
d. ANGER IS AN OPPONENT IN A STRUGGLE （怒りは闘いにおける敵である）
I was struggling with my anger. （私は怒りと戦っていた．）

 e. ANGER IS A CAPTIVE ANIMAL　（怒りは捕らえられた動物である）
  He unleashed his anger.　（彼は怒りの鎖を解き放った．）
 f. ANGER IS A BURDEN　（怒りは重荷である）
  He carries his anger around with him.　（彼は怒りを持ち歩いている．）
 g. ANGRY BEHAVIOR IS AGGRESSIVE ANIMAL BEHAVIOR　（怒った振る舞いは，攻撃的動物の振る舞いである）
  Don't snarl at me!　（私に唸らないで！）
 h. THE CAUSE OF ANGER IS TRESPASSING　（怒りの原因は侵害である）
  Here I draw the line.　（ここで線を引いた．）
 i. THE CAUSE OF ANGER IS PHYSICAL ANNOYANCE　（怒りの原因は体の苦痛である）
  He's a pain in the neck.　（彼は首の痛みだ＝悩みの種だ．）
 j. ANGER IS A NATURAL FORCE　（怒りは自然の力である）
  It was a stormy meeting.　（会議は嵐だった．）
 k. AN ANGRY PERSON IS A FUNCTIONING MACHINE　（怒った人は作動する機械である）
  That really got him going.　（それで彼は本当に作動した＝怒った．）
 l. ANGER IS A SOCIAL SUPERIOR　（怒りは社会的上位者である）
  His actions were completely governed by anger.　（彼の行動は完全に怒りに支配されていた．）　（Kövecses 2000, 21）

Lakoff (1987) が述べるように，これらは，人が怒りを感じた時にどのような生理的現象が起こるか(あるいは，起こると考えられているか)に深く関与している．たとえば，怒りを感じた時には，体温や血圧が上昇したり，体が震える．もちろん，科学的・医学的にこれらが真実とは言えなくても，

私たちは経験上，そうした生理的効果が現れるものとみなしているのである．(19a) のように怒りを「熱い流動体」と捉えたり，(19b) のように「炎」と捉えるのは，私たちが怒りで体が熱くなるのを感じることに由来している(当然これらは，「身体は容器，感情は内容物」という容器のメタファーを前提としている)．

また，怒りを表すメトニミー的表現もある．以下の (20) にあげる表現は，「怒り」のために生ずる状態(顔が赤くなる，震える)によって，その原因となっている怒りを指示しており，「原因―結果」という近接性に基づくメトニミー的表現と言える．

(20) a. 顔や首回りの赤み
She was scarlet with rage. （彼女は激怒で真っ赤だった．）
b. 動揺
She was shaking with anger. （彼女は怒りに身震いしていた．） (Lakoff 1987, 382)

こうした Kövecses や Lakoff の研究は，単に「怒り」に関する比喩的表現を集めたものではない．ここから明らかになるのは，実体を持たない感情という抽象物を，私たちはいかに具体的事物によって概念化しているかということである．(19), (20) にある「比喩的」な表現を用いることなく，「字義的」に怒りそのものについて考えたり言及したりすることは，ほとんど不可能にも思われる．すなわち，私たちにとって，怒りなどの感情に関する抽象的概念そのものが，メタファーやメトニミーに依存していると言えるのである．

6.5 比喩の処理過程：段階的卓立仮説

最後に，メタファーとメトニミーの両方に関わる問題として，比喩表現の処理過程について概観する．

これまで，メタファー解釈の理論には，大きく分けて 2 つの立場があった．1 つは，いったんその字義的意味 (literal meaning) を解釈してからメタファーの意図する意味が得られるという，2 段階での解釈を示唆する

立場であり，第1章で述べた Grice などの語用論の立場がそれに相当する．

もう1つは，メタファーの解釈と字義どおりの表現の解釈は同じプロセスを経ており，メタファーの解釈はその字義的意味の処理を必要としないとする立場である．Gibbs (1984) らは，この想定を心理学的実験によって示した．その実験結果によると，字義どおりの表現とメタファー的表現を被験者が解釈するさいの処理時間には，有意な差が見られない．Gibbs はメタファーにかぎらず，アイロニーやイディオム，間接発話行為など，その意味が字義的意味から構成的に派生されない表現についても，実験から同様の結論を示している．その一方で，これらの比喩的表現の解釈において，字義的意味が優先されるという証拠を示す実験結果もあり(たとえば Gerrig and Healy (1983) など)，実験的証拠ではどちらの立場が正しいかは断定し難い状況が生じていた．

こうした相対する2つの立場と，比喩表現に関する実験結果の非一貫性を解決するのが，Giora (1997) による「段階的卓立仮説」(Graded Salience Hypothesis) である．これは，「際立ちの高い意味が最初に処理される」という，認知的際立ちの原則に即した仮説である．「際立ちの高い意味」とは，慣例性があり，頻繁に用いられ，なじみがあり，既出文脈で際立つようになった意味に該当する．

この仮説に従うと，たとえ同じ種類の非字義的表現であっても，個々の表現の持つ慣例性によって処理過程が異なることになる．Giora によると，慣例的なメタファーの場合，その字義的意味と比喩的意味がともに際立ちが高いため，両方が最初に処理される．それに対して，非慣例的な新しいメタファーの場合，意図される比喩的意味の際立ちが低いため，聞き手はまず字義的意味に接近し，次に比喩的意味の処理を活性化させるという，2段階の処理を行う．

同じことが，メトニミーにもあてはまる．(21a)のように慣用的なメトニミーでは，意図される意味が直接処理されているが，(21b)のように状況依存的な非慣用的メトニミーでは，いったん字義的意味が処理されてから，意図される意味が活性化されていると想定される．

(21) a. やかんが沸騰している．
　　 b. 「チーズ」が「バター」訴える　（＝第5章(16)）

　Gioraの仮説は，次の2つの点において特徴的である．1つは，同じメタファーあるいはメトニミーといったカテゴリーに属する成員であっても，慣例性に関しては必ずしも均一ではないという，認知心理学的カテゴリー観を反映している点である．もう1つは，際立ったものにまず注意を向けアクセスするという，私たちの知覚上の特性が生かされていることである．Gioraの仮説は，比喩解釈にのみ必要とされるような特別な過程を想定せず説明が行えることに，最大の利点がある．このような見方により，字義的・非字義的という伝統的区分ではなく，際立ちの度合いから比喩解釈を見直すことができるのである．当然ながら，際立ちの高さを決定する要因については，今後詳しく探求していかねばならない．

　また Langacker (1988) は，意味ネットワークによって，メタファーの解釈プロセスを示唆している．それによると，メタファーの場合，字義どおりの意味のノードが活性化され，メタファー的意味は二次的活性化 (secondary activation) を受ける．たとえば pig は，比喩的に「大食漢」の意味で用いられることがあるが，その場合，動物の「豚」を表すノードが活性化され，メタファー的な意味である「大食漢」は，二次的活性化を受けることになる．この見方も，字義的意味に次いで比喩的意味が活性化されているという点で，Giora (1997) と等しい．また，両ノードの活性化によって，文字どおり glutton (大食漢) と言っても得られない効果が，メタファーの pig に生ずる(「豚」の持つさまざまな属性やイメージが同時に喚起されるため)ことも説明できる．このように，意味ネットワークから解釈プロセスをモデル化する可能性もあるが，意味や連想のネットワークは非常に広範になり得るため，そのノードに比喩的な意味項目をどこまで含めるかは，慎重に検討しなくてはならないだろう．

第 7 章　類推から見たメタファー

　類推（analogy）が，メタファーおよび直喩といった比喩表現に大きく関与していることは，言うまでもない．認知心理学では，比喩解釈が類推の研究の中で扱われることも多く，提案されている類推モデルも，認知意味論でのメタファー写像に通ずる側面が見られる．この節では，類推という基本的認知作用からメタファーを考察し，これまでの章で概観してきた認知意味論的研究とどのように関連づけられ，またどのような問題が提起されるか，述べていく．

7.1　類推とは

　類推とは，その名が示すとおり類似性に基づく推論であり，未知のあるものを既知のものに喩えたりなぞらえたりすることで理解を得ようとする思考過程である．

　たとえば「A先生は鬼だ」という比喩表現についても，私たちは，A先生を鬼との比喩的類似性から解釈し理解しようと，類推を働かせている．類推研究では主に，理解の対象となるもの(A先生)を「ターゲット」，喩えとして利用されるもの(鬼)を「ベース」と呼び，それらはメタファー写像理論での目標領域，起点領域にそれぞれ対応する．類推モデルを簡略に図示すると，以下のようになる(鈴木 1996, 14)．

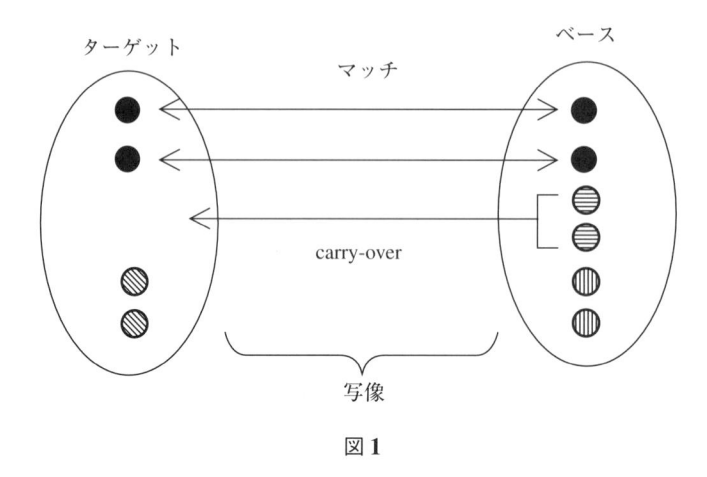

図1 のキャプション説明：ターゲットとベースの間に「マッチ」「carry-over」「写像」の関係が示されている。

　この図の中で，ベースとターゲットの間で合致する要素同士は，「類似性」によって対応づけられる．そして，ターゲットにおいては顕著でないベースの要素がターゲットに移される，'carry-over'という作用が生ずるのが特徴的であり，この作用のために，類推やメタファーが創造性を帯びるとも言える．

　類推は，いわゆる比喩表現にかぎらず，さまざまな思考活動で用いられている．そのテストとしてよく用いられるのが，以下のような4項類推課題である．

（1）　自動車：ガソリン＝ヨット：X
　　　黒：白＝硬い：Y
　　　鳥：空＝魚：Z　　　　　　　　　（Goswami and Brown 1989, 71）

これらのX, Y, Z項を埋めるには，「自動車」にとっての「ガソリン」の役目(その動力になっているということ)や，「黒」と「白」のような反対関係，「鳥」と「空」のような生息地といった意味的関係を理解していなくてはならない．それらの意味関係を，比例式の右辺にあてはめることによって正答を得るプロセスは，まさに類推である．

7.2 構造写像: 高次レベルの類似性

写像の観点からの類推研究の出発点とも言える Gentner (1983) は, 類推がベースの知識をターゲットへと写像することで解釈が得られるという「構造写像」(structure-mapping) を提案している. その構造写像は以下にあげるような原則から成り立っている.

(2) 構造写像:
    a. 解釈の規則は, 知識表示の統語的性質 (syntactic property) のみに依存し, 領域の具体的内容にはよらない.
    b. ベースからターゲットへ写像されるのは, 対象の属性ではなく, 対象間の関係である.
    c. 写像される関係は, 高次の関係が優先される. (システム性原理)

これらの原則からなる構造写像で注目したいのは, 写像が行われるのが対象の属性ではなく, むしろ対象と対象の間の「構造」である, という点である. 私たちは類推を行うさい, ベースとターゲットの要素を1つ1つ対応づけているのではなく, さらに抽象的な次元で, 対象間の構造を符合させる. つまり, 類推において本質的であるのは, 構造的で, 関係的な類似性である.

このことを理解するために, 次の4項類推課題を例にしてみよう.「車: ガソリン＝ヨット: X」のXを正しく答えるために私たちが利用するのは,「車」と「ガソリン」という対象間の関係である. その関係を「ヨット」と「X」の間にも適用することで, Xの値が得られる. したがって, 比例式の右辺と左辺には, 抽象的で関係的な類似性 (「AはBを動力として動く」という関係) が存在することになる.

また, (2c) のシステム性原理によると, いくつか写像の候補がある中で選ばれるのは, より高次の構造であることが保証される. ここでは, 次のような関係の階層性が前提となっている.

（3） 対象（＝対象の属性）
　　　＞対象間の関係（＝一次的関係）
　　　＞関係間の関係（＝高次の関係）

たとえば「太郎がボールを投げる」といった関係は，「太郎」，「ボール」という対象（object）を項としており，一次的関係（first-order relation）と呼ばれる．それに対し，「太郎がボールを投げる」と「ボールが窓を割る」という，2つの一次的関係を項とする「太郎がボールを投げたことで窓が割れた」という関係は，高次の関係（higher-order relation）に相当する．ターゲットとベースの間には，対象レベルから高次の関係のレベルにわたり，さまざまなレベルで写像が行われ得るが，いったん高次の関係に構造的な類似性が認められれば，そこで写像が起こり，対象レベルでの写像は制限されることになる．先の4項類推課題でも，「車：ガソリン」の関係が「ヨット：X」の関係に写像されるが，「ガソリン」とXが直接対応づけをなされているのではなく，車に対するガソリンと同じ関係を担える特性のみが，Xに対して写像される．そのため，対象レベルでのガソリンの属性(引火性の液体である，など)までXに写像されることはない．このようにして構造写像は，対象レベルにおいて余剰的で不必要な写像を生む可能性を排除しているのである．

　また，Holyoak and Thagard（1995）による「多重制約理論」（multi-constraint theory）は，類推のさいのベースとターゲットの間の対応づけが，次の3層における類似性から得られると想定している．

（4）　a.　対象の属性レベル
　　　b.　対象間の一次的関係のレベル
　　　c.　一次的関係(すなわち命題)間の高次の関係・システムレベル

Gentnerの構造写像と比較すると，Holyoak and Thagardの多重制約理論のほうが，(4a)のように対象の属性に見られる直接的な類似性を重視している．Gentnerも，対象の属性に類似性が見られることで，類推が行いやすくなることは認識しているが，類推の原理にはそれを取り込んでいない．しかし，構造写像にも多重制約理論にも共通しているのは，高次の

関係的類似性が類推において重要な役割を担っているという点である．Holyoak and Thagard も，以下のように述べている．

(5) 写像を支えるのは，属性の類似性，一次的関係の類似性，高次の関係の類似性である．もっとも豊かな類推は，命題間の関係を含むシステムの写像を用いたものである．

(Holyoak and Thagard 1995, 37–38)

7.3 抽象化と類推，メタファー

構造写像や多重制約理論をふまえ，鈴木(1996)が提案する「準抽象化」(quasi-abstraction)のモデルは，従来の類推モデルでは考慮に入れられなかった記憶構造に着目し，抽象化ないしは一般化というカテゴリー化の作用を取り込んでいる．鈴木のモデルでは，図2のように，類推が「ベース」，「ターゲット」，「抽象化」の3項関係で捉えられる(鈴木 1996, 86).

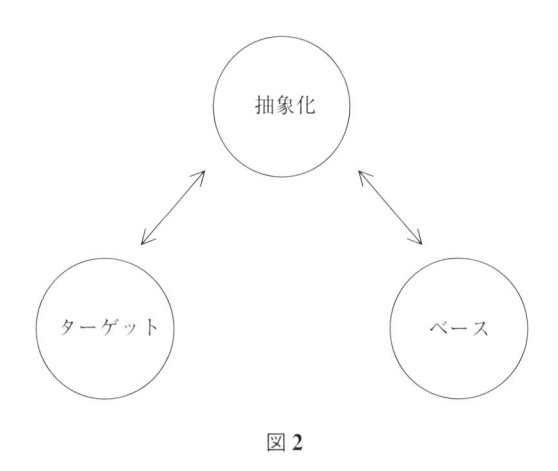

図 2

たとえば，「電気回路」を「水流」からの類推によって理解する場合，電気回路も水流もともに「流れる系」であるという抽象化が介在する．別の見方をすれば，電気回路も水流もともに「流れる系」の具体例であるというカテゴリー化関係が，非明示的に存在することになる．このような抽

象化のレベルが類推に介在するというのが，鈴木のモデルの提案である（「準」抽象化と名づけられているのは，それが特定の目標のための恣意的な抽象化であり，具体的事例のレベルと過度に抽象的なレベルの中間に位置するためである，と鈴木は述べている）．

　こうした一連の類推モデルは，メタファー写像にも適合する．特に，構造写像で重視される関係的・構造的な類似性は，メタファー写像で起点領域・目標領域に保持される「イメージ・スキーマ」に対応し，鈴木の準抽象化モデルが類推におけるスキーマ抽出の重要性を，より明確化しているとみなされる．たとえば，概念メタファーの LOVE IS A JOURNEY (恋愛は旅である)は，経路 (PATH) のイメージ・スキーマを投射するが，このイメージ・スキーマは起点 (source)・終点 (goal) という構造を持ち，抽象化された移動概念であるという点で，類推に利用される抽象化に等しい．Gentner や Holyoak and Thagard らの考える「高次の関係」は，命題を構成するものに限定されているが，認知意味論の観点からすれば，対象間の関係を一般化した非命題的なイメージ・スキーマも同様に，抽象的で概略的な構造体であり，写像の対象となることは十分に考えられる．また，Turner (1996) による「寓話」の解釈にも見られるように，スクリプトも写像の対象となり (⇒ 3. 6. 1)，Holyoak and Thagard (1995) も寓話と類推の関わりに言及している．

　これらのことから，類推に用いられる関係的類似性が，スキーマやスクリプトのような非命題的構造を介して認識され得ると考えて差し支えないだろう．

　類推モデルとメタファー写像理論をあわせて考えると，写像に用いられる抽象化は以下のようにまとめられる．

- 対象レベルを越えた関係的レベルで優先的に起こる．
- 関係的レベルでの抽象化は，命題にかぎらず，イメージ・スキーマやスクリプトなど，経験から抽出された非命題的構造も含む．

　類推における抽象化の重要性は，子どもの認知発達の観点からも提示さ

れている．一般に，もっとも発達の進んだ状態である形式的操作段階以前の子どもは，a : b = c : d の 4 項類推課題を適切に遂行できないと言われ，発達心理学のピアジェらは，それが，高次の関係について推論を行う能力が発達していないためであるとみなしている．それに対し Goswami and Brown（1989）は，類推課題で使用される高次の関係自体が，子どもにとってなじみのあるものであれば，3 歳の子どもであっても類推が行えることを実験によって示した．このことは，高次の関係における抽象化を前提として類推が行われることを示唆していると言える．

7.4　「カテゴリー」か「抽象化」か

鈴木（1996）は，抽象化を含んだ 3 項関係の類推モデルが，Glucksberg の「類包含」（class inclusion）の比喩モデルと矛盾しないと述べている．類包含モデルによると，「恋愛はジェットコースターだ」という比喩は，「恋愛」が「ジェットコースター」を典型例とする属性カテゴリー（興奮する，スリリングであるなど）に包含されるとみなされる（⇒ 3.7.3）．つまり，「恋愛」と「ジェットコースター」は，上位の属性カテゴリーを介した 3 項関係として写像されることになる．

問題は，Glucksberg の言う「属性カテゴリー」の解釈である．ジェットコースターを典型例とする「スリリングなもの」というカテゴリーが存在するとすれば，私たちの知識体系に「ジェットコースター」，「恋愛」などの上位カテゴリーとして，「スリリングなもの」という属性カテゴリーが存在することになる．しかし，「スリリングなもの」の典型が何であるかは実際には決定し難く，また，「スリリングなもの」というカテゴリーの別の成員で置き換えて「恋愛はスカイダイビングだ」とすると，伝えられる意味合いは異なったものになってしまう．同じスリリングなものでも，ジェットコースターは「アップダウンが激しく急展開する」，スカイダイビングは「高度差のある行為（そのため飛び込むのに勇気が必要）である」など，動力学的な知識も含めて，ターゲットの「恋愛」と対応づけがなされているのである．このようなことから，もし「ジェットコースター」と「恋愛」以外にも成員を持つ属性カテゴリーを想定するならば，

その中にさらに「アップダウンの激しいタイプ」という下位カテゴリーを想定しないかぎり，「恋愛はジェットコースターだ」をカテゴリー包含関係の陳述とみなせず，また，上位カテゴリーが比喩の数に応じて無限に作られていく可能性がある．それらをすべて知識体系の中で記憶させるのは（短期記憶でないかぎり），不経済な結果となる．

これらの問題点は，「スリリングなもの」という属性カテゴリーを想定するのではなく，「恋愛」と「ジェットコースター」に共通する特徴の抽出化として捉えることによって，回避できると考えられる．

7.5 構造のメタファー再考

構造写像の理論は，メタファーの中でも特に「構造のメタファー」(Lakoff and Johnson 1980) に適合する($\Rightarrow$ 2.2)．構造のメタファーの事例については，Grady (1997a) がその多くに批判的検討を行っているが，その根拠の1つに「写像の欠如」がある．THEORIES ARE BUILDINGS（理論は建築物である）のメタファーを例にすると，Grady は，ベースの「建築物」における「窓」のように，ターゲットの「理論」に対応するものが存在しない場合があることを根拠に，THEORIES ARE BUILDINGS という概念メタファーの存在に異議を唱え，その代わりに2つのプライマリー・メタファー (ORGANIZATION IS PHYSICAL STRUCTURE, VIABILITY IS ERECTNESS; $\Rightarrow$ 第4章 (3)) から，一連の表現が動機づけられるとした．

しかし，構造写像の観点からすると，ベースとターゲットの写像で重要なのは，高次の関係的類似性である．そのため，各領域に属する対象がすべて1対1に対応しなければ対応づけが行われないというわけではないし，むしろそれは多くの場合，起こり得ないことである．次の Holyoak and Thagard からの引用においても，関係や構造のレベルでの類似性が保証される場合，対象レベルでの要素の一致が要求されず，また，対象レベルで見た場合に類似していないと思われる要素であっても，写像される可能性がある(図1の 'carry-over' もこれに相当する)ことが述べられている．

第7章　類推から見たメタファー　179

（6）　関係間の関係である高次の類似性は，知覚レベルで要素が一致することを要求しない．高次の関係を認識し，関係の同型のシステムを対応づけることによって，もっとも創造的に類推を使用することができる．こうした制約から，異なる知識領域に属するそうとう異なる要素であっても，互いに対応づけることが可能となる．私たちが，多くの点において類似しない要素を対応づけることができるのは，主に構造の制約に基づいているためである．
(Holyoak and Thagard 1995, 34)

　同じことが，構造のメタファーにおける写像にも言えるだろう．もし対象レベルの類似性とその間の符合のみを考慮するならば，どれだけの数の対象が符合すれば適切なメタファー写像を行うのに十分であるのかを，予測することはできない．しかし，構造や関係の類似性が重要な働きをすると考えた場合，多数存在する対象1つ1つについて吟味してから写像を行う必要はなく，即時に写像を行えるという点で，認知的な経済性も得られる．

　では，Grady がプライマリー・メタファーに還元して分析していた，THEORIES ARE BUILDINGS の場合はどうだろうか．「建築物」と「理論」では，「土台」の上に順番に積み上げて全体を組み立てていくという，概略的な構造が類似していると考えられる．その構造的類似性によって，写像が成立している．この時，対象レベルの一致は凌駕されるため，ベースである建築物の「ドア」や「窓」など，すべての要素に対応づけがなされる必要はないと言える．このように，プライマリー・メタファーに還元すべきであると Grady が主張していた根拠も，類推の観点からは必ずしも正しいとは認められない．Grady が否定的であった構造のメタファーも，実際には類推を遂行するのにもっとも適切なレベルであるという点で，再評価すべきであることが示唆される．

　同様に，これまでに見た構造のメタファーのいくつかを，類推モデルに即して考えてみたい．中でも構造写像によく適合するのは，LOVE IS A JOURNEY（恋愛は旅である）のメタファーである．この場合，ベースである「旅」に含まれる「起点—経路—終点」のイメージ・スキーマが，

ターゲットである「恋愛」に写像される高次の関係である．それが符合したうえで，以下のような対象レベルの写像が，トップダウンで行われるものとみなされる．

（7）　旅人 → 恋人
　　　　道のり → 恋愛の進行状態・取り巻く環境

この段階で注目したいのは，対象レベルでの類似性だけが問題にされるのであれば，行えない写像があるということである．ターゲットの「恋人」はつねに2人であるが，ベースの「旅人」は必ずしも2人ではない．1人の旅もあればグループ旅行もあるが，ターゲット側からの要請によって，旅人は2人に限定される．このように，対象だけを比較していては類似性の見えてこないもの，類似性が関係性の中ではじめて認識されるものがある．このことは，メタファー写像が関係的な類似性に駆動されているという見方を，いっそう裏づけると言える．

さらに，対象レベルの対応づけから，それぞれの対象に関係する推論（inference）も写像される．もし旅の道のりに障害物があればそれ以上旅を続けることができない，というベース側の推論が，同様にターゲットにも成立するものとして投射される．

このようなプロセスを想定すると，中でも 'carry-over'，すなわち，写像の前には顕在化していなかったターゲットの要素を，写像によってベース側から与えるという作用に相当する部分もある．対象間の対応のいくつかは，そして対象にまつわる推論の多くの部分は，'carry-over' である可能性もある．これらの部分が，メタファーにおいて「発見的」な類似性を生じているのであるが，その前提となり，支えとなるものは，イメージ・スキーマのような高次の関係的・構造的な類似性である．

ARGUMENT IS WAR（議論は戦争である）の場合は，対象間の比較だけではいっそう難しくなる．対象レベルで対応するものは，戦う人（→ 議論する人），武器（→ ことば）などにかぎられており，それらだけで類似性を保証するには不十分だからである．この場合，関与する高次の関係は，「戦争」および「議論」という行為のスクリプト的知識に依存すると言え

る(「戦争」のスクリプトについては,第2章の2.3節を参照).
　次に,(8)に例示される IDEAS ARE FOOD (考えは食べ物である)のメタファーの場合を考えてみたい.

(8) a. There are too many facts here for me to digest them all. (あまりに事実が多くて,全部は消化できない.)
　　 b. I just can't swallow that claim. (その主張はすんなりとは飲み込めない.)
　　 c. Let me stew over that for a while. (それについてはしばらく煮詰めさせてください.)
　　 d. Now there's a theory you can really sink your teeth into. (あなたでも歯の立てられる理論がありますよ.)
　　　　　　　　　　　　　　　　　(Lakoff and Johnson 1980, 46–47)

第2章で見たように,「考え」という抽象的存在物と「食べ物」の間に,対象レベルでの類似性は直接的には存在しない.Lakoff and Johnson (1980) でも述べられているように,「考え」という抽象物を「物体」,特に「食べ物」に見立てるという存在のメタファー(⇒2.4)を経ることにより,両者の間に類似性が保持されているのである.なぜ「考え」が,数ある物体の中でも「食べ物」をベースとして選択するのか,その動機を探ることで,IDEAS ARE FOOD の概念メタファーに関わる類推の構造が明らかになる.
　「考え」と「食べ物」を比較した場合,それに関与する行為や作用に,次のような平行性がある.(点線は対応づけを示す.)

(9)　IDEAS ARE FOOD の写像
　　　　　　　［ベース: 食べ物］　　　　　　［ターゲット: 考え］
　　領域　　消化器官(body)　　　　　　頭(mind)
　　摂取1　口から
　　分解1　咀嚼(噛む)------------------------(分析・検討)
　　摂取2　飲み込む--------------------------(容認)
　　分解2　消化する--------------------------(理解)
　　目標　　体のため(栄養)になる---------知力のためになる

この中で重要なのは，両者の目標である「取り入れると身体に，あるいは頭に，よい効果が得られる」という点であろう．これはつまり，Holyoak and Thagard (1995) の多重制約理論でシステムレベルの対応づけに含まれる，「ゴールの達成」という目的上の類似性に相当する．IDEAS ARE FOOD のメタファーは，そのような高次の類似性に動機づけられ，それによって，分解 1，摂取 2，分解 2 の各段階に見られる，下位レベルでの対応づけが行われていると考えられる．

　Grady (1997a) が，プライマリー・メタファーの見地から IDEAS ARE FOOD の構造のメタファーを否定している理由の 1 つに，(10) のような写像の欠如がある．

　(10)　a. ? I can't get that idea into my mouth.　（その考えは口に入れられない．）
　　　　b. ? I needed a fork to get through his latest essay.　（彼の最近のエッセイを読むには，フォークが必要だった．）

しかし，ベースとターゲットにおける対象レベルの要素は，完全に対応づけられる必要はない．(10) の "get into the mouth", "a fork" といった要素は，ベースからの carry-over としてターゲットに移されないかぎりは，対応づけを持たない．(10) の表現は，それらの容認性が示すように，何らかの文脈が与えられれば対応づけられる可能性も持っている．たとえば「口に入れる」(get into the mouth) に関しては，「彼女の議論は，口あたりこそ悪かったものの，よく読んでみれば納得がいく」のように，慣用的ではないが比喩としては理解できる．このように，高次の類似性(この場合は，目的の類似性)が満たされていれば，その下位にある対象レベルの対応づけは，ターゲット側で矛盾を起こさないかぎりにおいてなされるのである．この点は，Lakoff (1993) の「目標領域制約」($\Rightarrow$ 3.3.1)にも一致する．

　以上から，構造のメタファーは，何らかの高次の類似性に動機づけられているとみなされる．Holyoak and Thagard は，高次の類似性に相当す

るシステムレベルの対応づけが，もっとも豊かな類推を生むと述べている．構造のメタファーが，そうしたシステムレベルの対応づけの表示であるとすれば，そのメタファーを基盤として日常的・慣例的表現が生ずるだけでなく，新しく創造的なメタファーもまた生み出されることがわかる．対象レベルでの比較では対応関係が明確でない要素同士であっても，高次の対応づけに促進され，'carry-over'として対応づけられることもあるからである．このような構造のメタファーの「豊かさ」は，ベースとターゲットの対象だけを検討していても，また，おそらくプライマリー・メタファーの集合に還元しても，導き出すことは困難である．高次の類似性という観点が与えられてはじめて，その豊かさは説明可能となるのである．

7.6 異領域間写像としてのメタファー：類似性と共起性

これまで，構造のメタファーとそれに関わるメタファー写像が，構造写像におおむね一致することを見てきた．その一方で，MORE IS UP の場合のように，経験的な共起性によるメタファーが存在することも事実であり，その場合に対しては，類推モデルの適用は行えない．こうしたことから，メタファーの意味的基盤には，「類似性」と「共起性」の 2 種類が存在すると言える(メタファーにおける類似性と共起性の関わりを議論したものとして，谷口 (2003) を参照のこと)．

それゆえ，現在のメタファー研究にも，2 つの極があると思われる．1 つは，Grady のプライマリー・メタファーに代表されるように，すべてを共起性という直接的経験基盤に還元させる方向である．もう 1 つの極は，比喩も類推の枠組みで捉えようとする，(構造的)類似性重視の方向である．また，Grady (1997b) は，"Achilles is a lion."（アキレスは獅子だ）のような類似性のメタファーと，MORE IS UP のような共起性のメタファーの 2 種類に区別し，それぞれに対し異なる原理を想定している．

「類似性」，「共起性」という 2 つの意味関係は，相互に関連性を持たない別個の概念なのだろうか．そしてメタファー自体も，Grady (1997b) のように，類似性のメタファーと共起性のメタファーの 2 種類に分離させて考えるべきなのだろうか．しかし，これらが同じ「メタファー」というカ

テゴリーに属する以上，これら 2 つの意味的関係には，何らかの連続性があるものと考えられる．

類似性のメタファーと共起性のメタファーに共通するのは，双方とも「異領域間の写像」であるということになるだろう．類似性による写像は，分離した領域間に何らかの共通性を見出す必要がある一方で，共起性による写像は 2 つの領域が重なって生ずるため，それだけ共通性も認識しやすいと考えられる．

このことは，言語習得の面からも支持されるだろう．Grady によると，MORE IS UP のようなプライマリー・メタファーは，子どもが，本来は 2 つの異なる領域に属する経験を同時に混沌としたものとして経験し，それを後の段階で別々の経験として分離させることにより，異領域間写像が成立する．このことから，プライマリー・メタファーは，発達段階の早い時期に習得され得る対応づけであると考えられる．それに対して，7.3 節でも述べたように，抽象化の能力そのものは子どもの発達段階に応じて高められるため，類似性の写像の場合のように，分離した 2 つの領域から共通性(すなわち類似性)を抽出することは難しい．しかし子どもは，すでにプライマリー・メタファーを通じて「異領域間の写像」自体については習得済みなのである．

以上から，次のように想定することができるだろう．

(11) a. 異領域間の対応づけは，子どもの発達の初期段階において，経験が共起する(特にその一方が身体的経験である)場合に最初に行われる．
b. 共起性による写像の習得が素地となり，分離した異領域間から類似性を抽出した対応づけも習得される．

このようにして，共起性と類似性は写像の基盤に貢献している．たしかに Grady が主張するように，共起性のほうがより直接的に写像を動機づけるものの，類似性による写像の重要性は看過できない．類似性に基づくメタファーと類推が同じ作用であるとすれば，それが人間の創造的活動全般において，いかに不可欠な役割を担っているかがわかる．共起性と類似性と

いう 2 つの意味関係が,「異領域間の写像」というより大きな枠組みで捉えられる作用の源であるという認識のもと,類推研究をはじめとするさまざまな研究分野との連携により,今後そのメカニズムが明らかにされていくであろう.

おわりに

　1980 年，Gorge Lakoff と Mark Johnson が小さなモノグラフ *Metaphors We Live By* を出版したその約 20 年後，同じ彼らが著した *Philosophy in the Flesh* は，600 ページにおよぶ大著となった．このことは，まさに認知意味論の発展を象徴していると思われる．その間に，多義性や文法化などの意味変化の分析，構文研究などを通じて，概念メタファーやメタファー写像，イメージ・スキーマの有効性が実証されてきた．メトニミーについても，参照点構造や認知的際立ち，フレームとの関わりから議論されることにより，メタファーと同様に認知的作用の言語的反映であることが明らかにされつつある．こうして認知意味論は，現在のところ一定の成果をおさめ，理論的にもほぼ完成を見たと言ってよいだろう(このことは，近年出された概説書である Kövecses (2002) からもうかがえる)．今後のメタファーおよびメトニミーの研究は，第 7 章で見たように，認知科学や心理学などの分野と連携してより幅広い視座に立ち，メタファーとメトニミーの基盤となる「類似性」，「近接性」がどのように認識され，判断されているかを追求していく必要がある．

　このように，認知意味論が確立される一方で，私たちがつねに気をつけなくてはならないのは，イメージ・スキーマやメタファー写像，参照点構造といった理論的道具立ての持つ意義である．これらはたしかに，多義性をはじめとするさまざまな言語現象を特徴づけるうえで，有効な説明手段となるだろう．その一方で，それらの道具立てが本来持つ定義を心にとどめておくことは重要である．言語現象の記述・観察を通して，人間の知的メカニズムのどのような側面が見えてくるかを探求し志向するのが，認知意味論的研究にこれから望まれる姿となるだろう．

　認知意味論は，メタファーに対する新しい見方を提供したにとどまらな

い．それが果たした大きな功績は，身体性を基盤とした主観的意味論を提唱したことである．これによって，それまでの長きにわたる客観主義的知性観を根底からくつがえしたという点で，理論的前提での大変革であったと言える．現在までの歴史を1年に喩えるならば，主観的意味論のパラダイムが登場したのは，ほんの3, 4日前にすぎない．そのように考えると，私たちは今，パラダイム転換の波の中におり，とりわけ言語習得，人工知能といった関連領域では，この新たな前提に基づく研究が始まったばかりであり，未だ大きな可能性が秘められている．そのような新しい知のパラダイムの検証に，認知意味論は，言語からのアプローチによって貢献していくことが求められるのである．

参　考　文　献

阿部純一・桃内佳雄・金子康朗・李光五 (1994)『人間の言語情報処理: 言語理解の認知科学』サイエンス社, 東京.

Barcelona, Antonio, ed. (2000) *Metaphor and Metonymy at the Crossroads: A Cognitive Perspective*, Mouton de Gruyter, Berlin and New York.

Barnden, John A. (1998) "An AI System for Metaphorical Reasoning about Mental States in Discourse," *Discourse and Cognition*, ed. by Jean-Pierre Koenig, 167–188, CSLI, Stanford.

Black, Max (1979) "More about Metaphor," *Metaphor and Thought* (second edition), ed. by Andrew Ortony (1993), 19–41, Cambridge University Press, Cambridge.

Blank, Andreas (1999) "Co-presence and Succession: A Cognitive Typology of Metonymy," *Metonymy in Language and Thought*, ed. by Klaus-Uwe Panther and Günter Radden, 169–191, John Benjamins, Amsterdam and Philadelphia.

Brugman, Claudia (1981) *Story of 'Over': Polysemy, Semantics, and the Structure of the Lexicon*, Garland, New York and London.

Brugman, Claudia (1990) "What Is the Invariance Hypothesis?" *Cognitive Linguistics* 1, 257–266.

Clausner, Timothy C. and William Croft (1999) "Domains and Image Schemas," *Cognitive Linguistics* 10: 1, 1–31.

Croft, William (1993) "The Role of Domains in the Interpretation of Metaphors and Metonymies," *Cognitive Linguistics* 4, 335–370.

Dascal, Marcelo (1987) "Defending Literal Meaning," *Cognitive Science* 11, 259–281.

Davidson, Donald (1978) "What Metaphors Mean," *Critical Inquiry* 5, 31–47.

Dennett, Daniel C. (1984) "Cognitive Wheels: The Frame Problem of

AI," *Minds, Machines, and Evolution*, ed. by C. Hookway, 129–151, Cambridge University Press, Cambridge. [Daniel C. Dennett (1998) *Brainchildren: Essays on Designing Minds*, 181–205, MIT Press, Cambridge, MA に再録]

Dewell, Robert B. (1994) "*Over* Again: Image-Schema Transformations in Semantic Analysis," *Cognitive Linguistics* 5, 351–380.

Falkenhainer, Brian, Kenneth D. Forbus, and Dedre Gentner (1989) "The Structure-Mapping Engine," *Artificial Intelligence* 41, 1–63.

Fauconnier, Gilles (1997) *Mappings in Thought and Language*, Cambridge University Press, Cambridge. (坂原茂・三藤博・田窪行則訳 (2000)『思考と言語におけるマッピング: メンタル・スペース理論の意味構築』岩波書店, 東京)

Fauconnier, Gilles and Mark Turner (1998) "Principles of Conceptual Integration," *Discourse and Cognition: Bridging the Gap*, ed. by Jean-Pierre Koening, 269–283, CSLI, Stanford.

Fillmore, Charles J., Paul Kay, and Catherine O'Connor (1988) "Regularity and Idiomaticity in Grammatical Constructions: The Case of *Let Alone*," *Language* 64, 501–538.

Freeman, Donald C. (1995) "Catch[ing] the Nearest Way: *Macbeth* and Cognitive Metaphor," *Journal of Pragmatics* 24, 689–708.

Freeman, Margaret H. (1995) "Metaphor Making Meaning: Dickinson's Conceptual Universe," *Journal of Pragmatics* 24, 643–666.

Gentner, Dedre (1983) "Structure-Mapping: A Theoretical Framework for Analogy," *Cognitive Science* 7, 155–170.

Gentner, Dedre and Michael Jeziorski (1993) "The Shift from Metaphor to Analogy in Western Science," *Metaphor and Thought* (second edition), ed. by Andrew Ortony, 447–480, Cambridge University Press, Cambridge.

Gerrig, Richard. J. and Alice F. Healy (1983) "Dual Process in Metaphor Understanding: Comprehension and Appreciation," *Journal of Experimental Psychology: Learning, Memory and Cognition* 9, 667–675.

Gibbs, Raymond W., Jr. (1984) "Literal Meaning and Psychological Theory," *Cognitive Science* 8, 275–304.

Gibbs, Raymond W., Jr. (1990) "Psycholinguistic Studies on the Conceptual Basis of Idiomaticity," *Cognitive Linguistics* 1, 417–462.

Gibbs, Raymond W., Jr. (1994) *The Poetics of Mind: Figurative Thought, Language, and Understanding*, Cambridge University Press, Cambridge.

Gibbs, Raymond W., Jr. and Herbert L. Colston (1995) "The Cognitive Psychological Reality of Image Schemas and Their Transformations," *Cognitive Linguistics* 6:4, 347–378.

Giora, Rachel (1997) "Understanding Figurative and Literal Language: The Graded Salience Hypothesis," *Cognitive Linguistics* 8:3, 183–206.

Glucksberg, Sam (2001) *Understanding Figurative Language: From Metaphors to Idioms*, Oxford University Press, Oxford.

Glucksberg, Sam and Boaz Keysar (1993) "How Metaphors Work," *Metaphor and Thought* (second edition), ed. by Andrew Ortony, 401–424, Cambridge University Press, Cambridge.

Glucksberg, Sam and Matthew S. McGlone (1999) "When Love Is Not a Journey: What Metaphors Mean," *Journal of Pragmatics* 31, 1541–1558.

Goatly, Andrew (1997) *The Language of Metaphors*, Routlegde, London and New York.

Goldberg, Adele E. (1995) *Constructions: A Construction Grammar Approach to Argument Structure*, University of Chicago Press, Chicago and London.（河上誓作・早瀬尚子・谷口一美・堀田優子訳（2001）『構文文法論：英語構文への認知的アプローチ』研究社，東京）

Goossens, Louis (1995) "Metaphtonymy: The Interaction of Metaphor and Metonymy in Figurative Expressions for Linguistic Action," *By Word of Mouth*, by Louis Goossens et al., 159–174, John Benjamins, Amsterdam and Philadelphia.

Goswami, Usha and Ann L. Brown (1989) "Melting Chocolate and Melting Snowmen: Analogical Reasoning and Causal Relations," *Cognition* 35, 69–95.

Grady, Joe (1997a) *Foundations of Meaning: Primary Metaphors and Primary Scenes*, Ph.D. dissertation, University of California, Berke-

ley.
Grady, Joe (1997b) "A Typology of Motivation for Conceptual Metaphor: Correlation vs. Resemblance," *Metaphor in Cognitive Linguistics*, ed. by Raymond W. Gibbs, Jr. and Gerard J. Steen, 79–100, John Benjamins, Amsterdam and Philadelphia.
Grady, Joe (1998) "The 'Conduit Metaphor' Revisited: A Reassessment of Metaphors for Communication," *Discourse and Cognition*, ed. by Jean-Pierre Koenig, 205–218, CSLI, Stanford.
Grady, Joe, Sarah Taub, and Pamela Morgan (1996) "Primitive and Compound Metaphors," *Conceptual Structure, Discourse and Language*, ed. by Adele E. Goldberg, 177–187, CSLI, Stanford.
Grice, Herbert Paul (1975) "Logic and Conversation," *Syntax and Semantics* 3: *Speech Acts,* ed. by Peter Cole and Jerry Morgan, 41–58, Academic Press, New York.
東森勲 (1996)「メトニミー理解と関連性理論」『社会科学研究年報』第26号, 61–86, 龍谷大学社会科学研究所.
Holyoak, Keith J. and Paul Thagard (1995) *Mental Leaps: Analogy in Creative Thought,* MIT Press, Cambridge, MA. (鈴木宏昭・河原哲雄監訳 (1998)『アナロジーの力: 認知科学の新しい探求』新曜社, 東京)
池上嘉彦 (1984)『記号論への招待』岩波新書, 東京.
池上嘉彦 (1992)『詩学と文化記号論』講談社学術文庫, 東京.
岩田純一 (1988)「「比喩ル」の心: 比喩の発達の観点から」山梨正明『比喩と理解』(補遺) 東京大学出版会, 東京.
岩田典子 (1997)『エミリ・ディキンスンを読む』思潮社, 東京.
Jakobson, Roman (1956) "Two Aspects of Language and Two Types of Aphasic Disturbances," *On Language*, ed. by Linda R. Waugh and Monique Monville-Burston (1990), Chapter 7, Harvard University Press, Cambridge, MA.
Johnson, Christopher (1997) "Learnability in the Acquisition of Multiple Senses: SOURCE Reconsidered," *Proceedings of the Twenty-Second Annual Meeting of the Berkeley Linguistics Society*, 469–480.
Johnson, Mark (1987) *The Body in the Mind: The Bodily Basis of Meaning, Imagination, and Reason*, University of Chicago Press, Chicago

and London.（菅野盾樹・中村雅之訳（1991）『心のなかの身体: 想像力へのパラダイム変換』紀伊國屋書店，東京）

Kawakami, Seisaku (1996) "Metaphor and Metonymy in Japanese Nicknames," *Poetica* 46, 77–88.

Koch, Peter (1999) "Frame and Contiguity: On the Cognitive Bases of Metonymy and Certain Types of Word Formation," *Metonymy in Language and Thought*, ed. by Klaus-Uwe Panther and Günter Radden, 139–167, John Benjamins, Amsterdam and Philadelphia.

Kövecses, Zoltán (2000) *Metaphor and Emotion: Language, Culture, and Body in Human Feeling*, Cambridge University Press, Cambridge.

Kövecses, Zoltán (2002) *Metaphor: A Practical Introduction*, Oxford University Press, Oxford.

Kövecses, Zoltán and Günter Radden (1998) "Metonymy: Developing a Cognitive Linguistic View," *Cognitive Linguistics* 9:1, 37–77.

Lakoff, George (1972) "Hedges: A Study in Meaning Criteria and the Logic of Fuzzy Concepts," *Papers from the Eighth Regional Meeting, Chicago Linguistic Society*, 183–228.

Lakoff, George (1987) *Women, Fire and Dangerous Things: What Categories Reveal about the Mind*, University of Chicago Press, Chicago and London.（池上嘉彦・河上誓作他訳（1992）『認知意味論』紀伊國屋書店，東京）

Lakoff, George (1990) "The Invariance Hypothesis: Is Abstract Reason Based on Image-Schemas?" *Cognitive Linguistics* 1, 39–74.（杉本孝司訳「不変性仮説: 抽象推論はイメージ・スキーマに基づくか？」坂原茂編（2000）『認知言語学の発展』，1–59，ひつじ書房，東京）

Lakoff, George (1993) "The Contemporary Theory of Metaphor," *Metaphor and Thought* (second edition), ed. by Andrew Ortony, 202–251, Cambridge University Press, Cambridge.

Lakoff, George and Claudia Brugman (1986) "Argument Forms in Lexical Semantics," *Proceedings of the Twelfth Annual Meeting of the Berkeley Linguistics Society*, 442–454.

Lakoff, George and Mark Johnson (1980) *Metaphors We Live By*, University of Chicago Press, Chicago and London.（渡部昇一・楠瀬淳三・下谷和幸訳（1986）『レトリックと人生』大修館書店，東京）

Lakoff, George and Mark Johnson (1999) *Philosophy in the Flesh: The Embodied Mind and Its Challenge to Western Thought*, Basic Books, New York.

Lakoff, Geroge and Mark Turner (1989) *More than Cool Reason: A Field Guide to Poetic Metaphor*, University of Chicago Press, Chicago and London.（大堀俊夫訳（1994）『詩と認知』紀伊國屋書店，東京）

Langacker, Ronald W. (1987) *Foundations of Cognitive Grammar* Vol. 1: *Theoretical Prerequisites*, Stanford University Press, Stanford.

Langacker, Ronald W. (1988) "A View of Linguistic Semantics," *Topics in Cognitive Linguistics*, ed. by Brygida Rudzka-Ostyn, 49–90, John Benjamins, Amsterdam.

Langacker, Ronald W. (1993) "Reference-Point Constructions," *Cognitive Linguistics* 4, 1–38.

Langacker, Ronald W. (1995) "Raising and Transparency," *Language* 71, 1–62.

Lee, Mark G. and John A. Barnden (2001) "Reasoning about Mixed Metaphors within an Implemented Artificial Intelligence System," *Metaphor and Symbol* 16, 29–42.

Leezenberg, Michiel (2001) *Contexts of Metaphor*, Elsevier, Amsterdam.

Lindner, Susan (1981) *A Lexico-Semantic Analysis of Verb-Particle Constructions with 'Up' and 'Out'*, Ph.D. dissertation, University of California, San Diego.

McGlone, Matthew S. (1996) "Conceptual Metaphors and Figurative Language Interpretation: Food for Thought?" *Journal of Memory and Language* 35, 544–565.

McGlone, Matthew S. (2001) "Concepts as Metaphors," *Understanding Figurative Language,* by Sam Glucksberg (2001), Chapter 6, Oxford University Press, Oxford.

Murphy, Gregory L. (1996) "On Metaphoric Representation," *Cognition* 60, 173–204.

Murphy, Gregory L. (1997) "Reasons to Doubt the Present Evidence for Metaphoric Representation," *Cognition* 62, 99–108.

鍋島弘治朗（2001）「『悪に手を染める』: 比喩的に価値領域を形成する諸概念」『言語文化学』第10巻，115–131，大阪大学言語文化学会.

Neisser, Ulric (1976) *Cognition and Reality: Principles and Implications of Cognitive Psychology*, W. H. Freeman, San Francisco and London. (古崎敬・村瀬旻訳 (1978)『認知の構図: 人間は現実をどのようにとらえるか』サイエンス社, 東京)
Norvig, Peter and George Lakoff (1987) "Taking: A Study in Lexical Network Theory," *Proceedings of the Thirteenth Annual Meeting of the Berkeley Linguistics Society*, 195–206.
西川盛雄・魚津郁夫・近沢龍雄・鈴木和雄・横井嘉孝 (2000)「認知と推論」,『熊本大学教育学部紀要』第49号, 285–294.
野家啓一 (1998)「科学におけるロジックとレトリック」植松秀雄編『埋もれていた術・レトリック』, 229–250, 木鐸社, 東京.
Ortony, Andrew, ed. (1993) *Metaphor and Thought* (second edition), Cambridge University Press, Cambridge.
Pilkington, Adrian (2000) *Poetic Effects*, John Benjamins, Amsterdam and Philadelphia.
Radden, Günter (2000) "How Metonymic Are Metaphors?" *Metaphor and Metonymy at the Crossroads*, ed. by Antonio Barcelona, 93–108, Mouton de Gruyter, Berlin and New York.
Radden, Günter and Zoltán Kövecses (1999) "Towards a Theory of Metonymy," *Metonymy in Language and Thought*, ed. by Klaus-Uwe Panther and Günter Radden, 17–59, John Benjamins, Amsterdam and Philadelphia.
Reddy, Michael J. (1979) "The Conduit Metaphor: A Case of Frame Conflict in Our Language about Language," *Metaphor and Thought* (second edition), ed. by Andrew Ortony (1993), 164–201, Cambridge University Press, Cambridge.
Richards, I. A. (1936) *The Philosophy of Rhetoric*, Oxford University Press, Oxford. (石橋幸太郎訳 (1961)『新修辞学原論』南雲堂, 東京)
Rosch, Eleanor (1978) "Principles of Categorization," *Cognition and Categorization*, ed. by Eleanor Rosch and Barbara L. Lloyd, 27–48, John Wiley & Sons, New York.
Rudzka-Ostyn, Brygida (1995) "Metaphor, Schema, Invariance: The Case of Verbs of Answering," *By Word of Mouth*, by Louis Goossens et al., 205–243, John Benjamins, Amsterdam and Philadelphia.

Rumelhart, David E. (1977) *Introduction to Human Information Processing*, John Wiley & Sons, New York. (御領謙訳 (1979)『人間の情報処理: 新しい認知心理学へのいざない』サイエンス社, 東京)
佐藤信夫 (1986)『レトリック感覚』講談社文庫, 東京.
佐藤信夫 (1993)『レトリックの記号論』講談社学術文庫, 東京.
Schank, Roger C. and Robert P. Abelson (1977) *Scripts, Plans, Goals, and Understanding: An Inquiry into Human Knowledge Structures*, Erlbaum, Hillsdale, NJ.
シェイクスピア, ウィリアム『マクベス』(木下順二訳, 1997) 岩波文庫, 東京.
瀬戸賢一 (1995)『空間のレトリック』海鳴社, 東京.
瀬戸賢一 (1997)『認識のレトリック』海鳴社, 東京.
Seto, Ken-ichi (1999) "Distinguishing Metonymy from Synecdoche," *Metonymy in Language and Thought*, ed. by Klaus-Uwe Panther and Günter Radden, 91–120, John Benjamins, Amsterdam and Philadelphia.
Sperber, Dan and Deirdre Wilson (1981) "Irony and the Use-Mention Distinction," *Radical Pragmatics*, ed. by Peter Cole, 295–318, Academic Press, New York.
鈴木宏昭 (1996)『類似と思考』(日本認知科学会 (編))「認知科学モノグラフ」1) 共立出版, 東京.
Sweetser, Eve E. (1988) "Grammaticalization and Semantic Bleaching," *Proceedings of the Fourteenth Annual Meeting of the Berkeley Linguistics Society*, 389–405.
Sweetser, Eve E. (1990) *From Etymology to Pragmatics: Metaphorical and Cultural Aspects of Semantic Structure*, Cambridge University Press, Cambridge. (澤田治美訳 (2000)『認知意味論の展開: 語源学から語用論まで』研究社, 東京)
Talmy, Leonard (1985) "Force Dynamics in Language and Thought," *Parasession on Causatives and Agentivity, Chicago Linguistic Society, Twenty-first Regional Meeting*, 293–337.
Taniguchi, Kazumi (1996) "A Cognitive Grammar Account of Metonymy and Its Relation to Metaphor," *Osaka University Papers in English Linguistics* 3, 119–134.

谷口一美(2003)「類似性と共起性: メタファー写像，アナロジー，プライマリーメタファーをめぐって」『日本認知言語学会論文集』第3巻.
Taub, Sarah F. (2001) *Language from the Body: Iconicity and Metaphor in American Sign Language*, Cambridge University Press, Cambridge.
Taylor, John (1989) *Linguistic Categorization: Prototypes in Linguistic Theory*, Clarendon Press, Oxford. (辻幸夫訳 (1996)『認知言語学のための14章』紀伊國屋書店，東京)
Traugott, Elizabeth (1988) "Pragmatic Strengthening and Grammaticalization," *Proceedings of the Fourteenth Annual Meeting of the Berkeley Linguistics Society*, 406–416.
辻幸夫編 (2001)『ことばの認知科学事典』大修館書店，東京.
Turner, Mark (1996) *The Literary Mind: The Origins of Thought and Language*, Oxford University Press, Oxford.
Ullmann, Stephen (1962) *Semantics: An Introduction to the Science of Meaning*, Basil Blackwell & Mott, Oxford. (池上嘉彦訳 (1969)『言語と意味』大修館書店，東京)
Ungerer, Friedrich and Hans-Jörg Schmid (1996) *An Introduction to Cognitive Linguistics*, Longman, London and New York. (池上嘉彦他訳 (1998)『認知言語学入門』大修館書店，東京)
Veale, Tony and Diarmuid O'Donoghue (2000) "Computation and Blending," *Cognitive Linguistics* 11, 253–281.
Voßhagen, Christian (1999) "Opposition as a Metonymic Principle," *Metonymy in Language and Thought*, ed. by Klaus-Uwe Panther and Günter Radden, 289–308, John Benjamins, Amsterdam and Philadelphia.
Wagner, Sheldon, Ellen Winner, Dante Cicchetti, and Howard Gardner (1981) "'Metaphorical' Mapping in Human Infants," *Child Development* 52, 728–731.
Warren, Beatrice (1999) "Aspects of Referential Metonymy," *Metonymy in Language and Thought*, ed. by Klaus-Uwe Panther and Günter Radden, 121–135, John Benjamins, Amsterdam and Philadelphia.
Williams, Joseph M. (1976) "Synaesthetic Adjectives," *Language* 52, 461–478.
山梨正明(1988)『比喩と理解』東京大学出版会，東京.

索　引

基本用語

あ行
アイロニー　150
新しいメタファー（novel metaphor）　38, 71
アメリカ手話言語（American Sign Language: ASL）　98
イコン（icon）　153
一次的関係　174
一般的レベルのメタファー　76
移動使役構文（caused-motion construction）　83, 147
意味ネットワーク（semantic network）　47, 170
イメージ・スキーマ　45
イメージ・スキーマに関わる基本的認知能力（image-schematic ability）　89
イメージ・スキーマ変換（image-schematic transformation）　143
イメージ・メタファー　73
インデックス（index）　153
運動感覚的（sensorimotor）　108

か行
概念混合（conceptual blending）　89
概念のメタファー表示（metaphoric representation）　100
概念メタファー（conceptual metaphor）　11
概念領域（conceptual domain）　17, 49
下位レベル・カテゴリー　132
会話の含意（conversational implicature）　7
活性領域　130
合併（conflation）　109, 110, 159
カテゴリー　31
換喩　3, 119
関連性理論　7, 150
擬人化　35
「起点―経路―終点」のイメージ・スキーマ　66
起点領域（source domain）　52, 55
機能語（function word）　79
基本レベル・カテゴリー（basic-level category）　35, 132
共感覚（synaesthesia）　4
共感覚比喩　159
共起性　183
強制（compulsion）　82
協調の原則（Cooperative Principle）　7
共通スペース　90
近接性　3
空間概念　44
空間化メタファー（spatialization metaphor）　20, 24, 67
空間的境界（spatial boundedness）　47
寓話（parable）　96
繰り上げ構文　145
経験基盤　113
経験基盤主義　32, 44
経験的共起性（experiential occurrence）　34
経験的類似性（experiential similarity）　33, 34
経験の基本性　43
経験のゲシュタルト（experiential ge-

［199］

stalt）16
継承（inherit）76
ゲシュタルト　116
結果構文（resultative construction）83
原因と結果　122
原初的経験　108
語彙プライミング効果（lexical priming effect）149
高次の関係　174
構成性（compositionality）116
構造写像（structure-mapping）173
構造のメタファー　12, 178
構造の類似性　14, 55
構文文法　83, 146
ことわざ　97
根源的用法（root modality）80
混合スペース　90

さ　行

参照点構造（reference-point construction）128
産地と産物　122
シェーマ　51
字義的意味（literal meaning）32, 168
字義的類似性（literal similarity）34
システム性原理　173
事態（event）68, 140
事態の ICM　140
シナリオ　50
シネクドキ（synecdoche: 提喩）3, 119, 124
支配域（D: dominion）128, 136
尺度の ICM　139
写像（mapping）52
写像の欠如　111
主意　2
主観的意味論　30
主体と手段　121, 122
主と従の共存性　121, 122
準抽象化　175

上位レベル・カテゴリー　132
神経回路　118
心象（mental picture）51
身体性（embodiment）32, 44, 51, 114
身体性基盤　118
死んだメタファー　73
心的経路（mental path）128
シンボル（symbol）153
真理条件的意味論　5
推論　63
推論パターン（inference patterns）59
スキーマ（schema）50
スクリプト　50, 136, 137, 142
図式（schema: シェーマ）51
線的尺度（linear scale）66
相関関係（correlation）34
相互作用説　6
相似物形成プロセス（analogue-building process）98
属性カテゴリー（attributive category）103, 177
属性付与モデル（property attribution model）103
存在の大連鎖（the Great Chain of Being）30
存在のメタファー　26

た　行

対応関係（correspondence）16, 59
多義性　32, 47
多義性のリンク（polysemy link）147
ターゲット　171
多重制約理論　174
単一経路制約（Unique Path Constraint）85
段階的卓立仮説　169
抽象化　85, 175–76
抽象的推論　65
提喩　3, 119, 124
データのギャップ　111
導管メタファー　9, 26, 99

統辞的関係（syntagmatic relation） 153
投射（projection） 61, 96
動力学（force-dynamics） 49, 80

な 行

内容語（content word） 79
二価志向性（two-valued orientation） 149
二重目的語構文 146
ニックネーム 165
認識的用法（epistemic modality） 80
認知意味論 1
認知的際立ち 129, 133
認知文法（cognitive grammar） 49
認知領域（cognitive domain） 49, 142

は 行

媒体 2
バリア（barrier） 80
反対関係（opposition） 148
範列的関係（paradigmatic relation） 153
比較説 5
非慣例的メタファー 38, 71
非字義的意味（non-literal meaning） 32
百科事典的知識 104
複合的メタファー 107
物体の操作（object manipulation） 43, 97
部分関係のリンク（subpart link） 147
不変性仮説（Invariance Hypothesis） 62, 85, 87
不変性原理（Invariance Principle） 59
プライマリー・メタファー 107, 183
フレーム 136, 137, 142
フレーム問題 142
プロトタイプ 31, 132
プロファイル 129
プロファイルと活性領域（active zone）

の不一致 130, 145
分化（differentiation） 110
文法化（grammaticalization） 56, 79
ベース 171
方向性のメタファー 20

ま 行

無意識的認知 118
メタファー 2
メタファー内のメトニミー 163
メタファー内部の脱メトニミー化 163
メタファーに誘引された類似性（metaphor-induced similarity） 38
メタファーの階層性 75
メタフトニミー（metaphtonymy） 162
メトニミー（metonymy: 換喩） 3, 119
メトニミーからのメタファー 162
メンタルスペース 89
目標領域（target domain） 52
目標領域制約（target-domain overridge） 62, 101, 113
物語の投射 96

や 行

容器（container） 26
容器と内容 121, 122, 135
容器のイメージ・スキーマ 27, 46, 93
容器のメタファー 26

ら 行

理想認知モデル（ICM: Idealized Cognitive Model） 136–42
類似性 2, 33, 183
類推（analogy） 171
類像性（iconicity） 98
類包含（class inclusion） 103, 177
連続走査（sequential scanning） 89
論理的含意（entailment） 35

A~Z
carry-over 172, 178, 183
Macbeth 93
PATH (経路)のイメージ・スキーマ 93

概念メタファー，メトニミー

A
AFFECTION IS WARMTH 108, 158
ANGER BEHAVIOR IS AGGRESSIVE ANIMAL BEHAVIOR 167
ANGER IS A BURDEN 167
ANGER IS A CAPTIVE ANIMAL 167
ANGER IS A HOT FLUID IN A CONTAINER 166
ANGER IS A NATURAL FORCE 167
ANGER IS A SOCIAL SUPERIOR 167
ANGER IS AN OPPONENT IN A STRUGGLE 166
ANGER IS FIRE 166
ANGER IS INSANITY 166
ANGRY PERSON IS A FUNCTIONING MACHINE 167
ARGUMENT IS A JOURNEY 35
ARGUMENT IS WAR 13, 28, 38

C
CAREER IS A PATH 95
CATEGORIES ARE CONTAINERS 109
CATEGORY IS A CONTAINER 101
CATEGORY-FOR-PROPERTY 154
CAUSE OF ANGER IS PHYSICAL ANNOYANCE 167
CAUSE OF ANGER IS TRESPASSING 167
CHANGES ARE MOVEMENTS 70
COMMUNICATION IS SENDING 9, 99
CONTROLLER FOR CONTROLLED 120

D, E
DEATH IS DEPARTURE 78
EVENTS ARE ACTIONS 77

F, G
FUTURE IS BEHIND; THE PAST IS IN FRONT 24
FUTURE IS IN FRONT; THE PAST IS BEHIND 24
GOOD IS UP 21

H
HAPPY IS UP 20, 22, 158
HAVING CONTROL IS UP 20, 23, 28, 48
HEALTH AND LIFE ARE UP 20, 22
HIGH STATUS IS UP 21, 23, 28

I
IDEAS ARE FOOD 37, 181
IDEAS ARE OBJECTS 9, 26
IDEAS ARE OBJECTS THAT COME INTO THE MIND 38
INSTITUTION FOR PEOPLE RESPONSIBLE 120
INTIMACY IS CLOSENESS 108

L
LIFE IS A JOURNEY 78
LIFE IS A JOURNEY, A LIFETIME IS A YEAR 94
LINGUISTIC EXPRESSIONS ARE CONTAINERS 9, 26

LONG-TERM PURPOSEFUL ACTIVITY IS A JOURNEY 76
LOVE IS A JOURNEY 15, 34, 53, 61, 63, 100, 102, 179
LOVE IS A PATIENT 18
LOVE IS A PHYSICAL FORCE 17
LOVE IS MADNESS 18
LOVE IS MAGIC 18
LOVE IS WAR 18

M
MIND IS A CONTAINER, THE 38
MORE IS UP 21, 23, 54, 108, 158

O
OBJECT USED FOR USER 120, 122
ORGANIZATION IS PHYSICAL STRUCTURE 111, 114

P, R
PART FOR THE WHOLE 121
PLACE FOR THE EVENT 121
PLACE FOR THE INSTITUTION 120, 122
PRODUCER FOR PRODUCT 120, 122, 126, 135
PURPOSEFUL LIFE IS A JOURNEY 75
RATIONAL IS UP 29

S
STATES ARE LOCATIONS 27, 68, 115

T
THEORIES ARE BUILDINGS 39, 116, 179
TIME IS A MOVING OBJECT 24, 26, 115
TIME IS MONEY 12
TIME IS MOTION 115, 116

U, V
UNDERSTANDING IS GRASPING 74, 109
VIABILITY IS ERECTNESS 111, 114
VIRTUE IS UP; DEPRAVITY IS DOWN 21

〈著者紹介〉

原口庄輔(はらぐち　しょうすけ)　1943年生まれ．明海大学外国語学部教授．
中島平三(なかじま　へいぞう)　1946年生まれ．学習院大学文学部教授．
中村　捷(なかむら　まさる)　1945年生まれ．東北大学名誉教授．
河上誓作(かわかみ　せいさく)　1940年生まれ．神戸女子大学教授．
谷口一美(たにぐち　かずみ)　1969年石川県生まれ．大阪大学大学院文学研究科後期博士課程中退．大阪大学文学部助手を経て，現在大阪教育大学教育学部教養学科准教授．共著：『認知言語学の基礎』(研究社，1996)．論文: "On the Semantics and Development of Copulative Perception Verbs in English: A Cognitive Perspective"(*English Linguistics* 14, 1997)など．

英語学モノグラフシリーズ 20
認知意味論の新展開
メタファーとメトニミー

2003年8月15日　初版発行　　2022年3月4日　5刷発行

編　者　原口庄輔・中島平三
　　　　中村　捷・河上誓作
著　者　谷　口　一　美
発行者　吉　田　尚　志
印刷所　研究社印刷株式会社

KENKYUSHA
〈検印省略〉

発行所　株式会社　研究社
https://www.kenkyusha.co.jp

〒102-8152
東京都千代田区富士見2-11-3
電話　(編集) 03(3288)7711(代)
　　　(営業) 03(3288)7777(代)
振替　00150-9-26710

ISBN 978-4-327-25720-0　C3380　　Printed in Japan